FRENCH
for Business Studies

FRENCH
for Business Studies

SECOND EDITION

Françoise Delbourgo
and Paul Taylor

An imprint of **Pearson Education**

Harlow, England · London · New York · Reading, Massachusetts · San Francisco · Toronto · Don Mills, Ontario · Sydney
Tokyo · Singapore · Hong Kong · Seoul · Taipei · Cape Town · Madrid · Mexico City · Amsterdam · Munich · Paris · Milan

Pearson Education Limited
Edinburgh Gate
Harlow
Essex CM20 2JE
England

and Associated Companies throughout the world

Visit us on the World Wide Web at:
http:// www.pearsoneduc.com

First published 1993
This edition   1998

ISBN 0 582-30918-2

British Library Cataloging-in-Publication Data

A catalogue record for this book is available from the British Library

Library of Congress Cataloging-in-Publication Data

A catalogue record for this book is available from the Library of Congress

Set by 35 in 10/12 pt Sabon
Produced by Pearson Education Asia Pte Ltd

Transferred to Digital Print on Demand 2009

Printed and bound in Great Britain by
CPI Antony Rowe, Chippenham and Eastbourne

Contents

Acknowledgements   viii

For further reference   ix

Introduction   x

Unit 1   La technologie   **1**
Section A   Texte d'introduction   1
            Avez-vous compris?   4
            Points de réflexion   4
            Activités de recherche   4
Section B   Texte de compréhension: 'Grandeurs, misères et servitudes
            des cadres devant leur écran'   5
            Activités   7
Section C   Grammar: Interrogative sentences: direct questions   8
Section D   Business language skills: L'entretien téléphonique   13
            Activités   15

Unit 2   Le monde du travail en France   **17**
Section A   Texte d'introduction   17
            Avez-vous compris?   21
            Points de réflexion   21
            Activités de recherche   21
Section B   Texte de compréhension: 'La Cour de cassation remet en
            cause l'individualisation des salaires'   22
            Activités   24
Section C   Grammar: Personal pronouns   25
Section D   Business language skills: Le curriculum vitae   32
            Activités   33

Unit 3   L'éducation et la formation commerciale   **35**
Section A   Texte d'introduction   35
            Avez-vous compris?   38
            Points de réflexion   38
            Activités de recherche   38
Section B   Texte de compréhension: 'Un système opaque'   39
            Activités   41
Section C   Grammar: Relative pronouns   41

Section D Business language skills: La lettre d'accompagnement ou
          de motivation   46
          Activités   50

Unit 4   L'environnement   **51**
Section A Texte d'introduction   51
          Avez-vous compris?   54
          Points de réflexion   54
          Activités de recherche   55
Section B Texte de compréhension: 'La voiture électrique met
          le turbo à Paris'   55
          Activités   57
Section C Grammar: Adverbs   58
Section D Business language skills: L'entrevue d'embauche   63
          Activités   64

Unit 5   Les entreprises et l'Europe   **66**
Section A Texte d'introduction   66
          Avez-vous compris?   70
          Points de réflexion   70
          Activités de recherche   70
Section B Texte de compréhension: 'La BNP et la Dresdner mettent
          le cap sur l'euro'   72
          Activités   73
Section C Grammar: The expressions *il est* and *c'est*   74
Section D Business language skills: La correspondance commerciale   78
          Activités   82

Unit 6   Les transports   **84**
Section A Texte d'introduction   84
          Avez-vous compris?   88
          Points de réflexion   88
          Activités de recherche   88
Section B Texte de compréhension: 'Pourquoi pas des vélos de service
          dans l'entreprise?'   89
          Activités   90
Section C Grammar: The past tenses   91
Section D Business language skills: La pratique de la présentation orale 96
          Activités`   98

Unit 7   La grande distribution   **99**
Section A Texte d'introduction   99
          Avez-vous compris?   104
          Points de réflexion   106
          Activités de recherche   106

Section B   Texte de compréhension: 'Quand Carrefour croise
             les Bouriez'   106
             Activités   108
Section C   Grammar: Expressions of time   109
Section D   Business language skills: La communication interne écrite 113
             Activités   117

Unit 8   Le tourisme   118
Section A   Texte d'introduction   118
             Avez-vous compris?   121
             Points de réflexion   122
             Activités de recherche   122
Section B   Texte de compréhension: '1996, le touriste a changé'   122
             Activités   124
Section C   Grammar: The future   125
Section D   Business language skills: La communication externe:
             le communiqué de presse   132
             Activités   133

Unit 9   La publicité   135
Section A   Texte d'introduction   135
             Avez-vous compris?   139
             Points de réflexion   139
             Activités de recherche   139
Section B   Texte de compréhension: 'Finie la danseuse du président' 140
             Activités   141
Section C   Grammar: The subjunctive   142
Section D   Business language skills: La rédaction d'une publicité   146
             Activités   148

Unit 10 L'entreprise française aujourd'hui   149
Section A   Texte d'introduction   149
             Avez-vous compris?   156
             Points de réflexion   156
             Activités de recherche   156
Section B   Texte de compréhension: 'Renault, PSA: portrait croisé de
             deux prétendants'   157
             Activités   158
Section C   Grammar: The conditional   159
Section D   Business language skills: la technique du résumé   163
             Activités   165

Acknowledgements

We would like to extend our thanks to the companies and individuals who have helped in the preparation of this book, and in particular, Effix, Digital Equipment France, la Chambre de Commerce et d'Industrie de Paris, Lever France, SGS Thomson, Anabel, our language assistant, colleagues and friends, Sophie Baussard, Cécile Laval, Cédric Quivron, Irene Wells, Jean-Claude Tessonneau, Jacqueline Lenglet and especially Christian Zimmermann of the University of Reims.

Christine Taylor has helped throughout with the preparation of textual material and activities and provided much useful advice.

Finally we would like to offer our sincerest gratitude to Alison Buckley for her expert management of the word-processing and preparation of the manuscript, and on whose support the successful completion of the book has depended.

We are grateful to the following for permission to reproduce copyright material: Groupe Expansion for an article by B. Adjdaj from *L'Enterprise*, No. 129, June 1996 and an article by J.-L. Barberi from *L'Expansion*, 19.12.96; Groupe Stratégies for an article by A. Delcayre from *Stratégies*, No. 989, 22.11.96; Le Figaro an article by C. Cornevin from *Le Figaro*, 3.10.96 and an article by P. Mudry from *Le Figaro Economie*, 9.10.96, copyright Le Figaro 9732391 par Christophe Cornevin et Philippe Mudry; Le Monde for an article by F. Lemaître from *Le Monde* 8.11.96, an article by M. Alberganti from *Le Monde* 2.11.97 and an article by Frederic Gaussen from *Le Monde Dossiers et Documents*, No. 192, October 1991; The New York Times Syndication Sales Corporation for an article by G. Grallet from *L'Express* 29.8.96, (c) *L'Express* 1996.

We have been unable to trace the copyright holder in an article by P. Damour from *Le Nouvel Economiste* No. 1070, 24.12.96 and would appreciate any information that would enable us to do so.

For further reference

Business skills

Emploi magazine no. 3, mars/avril 1994.

Nuq, Maya *Le nouveau CV*, éditions de Vecchi, (1991).

Davies, Susan and Esnol, Armel *Bilingual handbook of business correspondance and communication*, Prentice Hall International, (1989).

Deutsch, J.J. *Communication interne et management*, les éditions Foucher, (1990).

IRCOM *Le guide pratique de la communication*, 2ème édition, Eyrolles, (1991).

Vial, Patrick *Pratique de la correspondance*, Guides Bordas, (1992).

Fayet, Nicole and Imbert-Nishimata, A. *Le français commercial*, Bordas, (1990).

Burgess, Christine and Rowlands, Catherine, *Telephone French*, Hodder and Stoughton, (1991).

Grammar

Coffman Croker, Mary *French Grammar*, 3rd edition, Schaum's Outline series, McGraw-Hill, (1990).

Delatour, Y. et al *Grammaire du français d'aujourd'hui*, Cours de civilisation française de la Sorbonne, Hachette, (1991).

Byrne, L.S.R. and Churchill, E.L. *A comprehensive French Grammar*, 4th edition, Blackwell, (1993).

Worth Stylianon, Valérie, *French: a handbook of grammar, current usage and word power*, Cassell Language Guides, (1992).

Bérard, E. and Lavenne, C. *Modes d'emploi: grammaire utile du français*, Hatier, (1989).

Morton, Jacqueline *English grammar for students of French*, Olivia and Hill Press, Ann Arbor, Michigan, (1989).

Dubois, Jean and Lagane, René *Grammaire*, Larousse, (1995).

Introduction

French for Business Studies is a self-contained course for students taking French as part of a business programme. Addressing the needs of the non-specialist linguist, it is designed to be used in the context of an inter-disciplinary programme.

The course aims to:

- provide the student with the necessary **communicative skills** to be able to cope in a French business environment;
- help the student to **make the transition** from learning French in school to language learning in higher education;
- give an introduction to the **business and economic environment** in France;
- furnish the student with a relevant and user-friendly **grammatical support**;
- provide a range of **activities** suitable for class-, pairwork and individual practice;
- achieve a **balance of material** and activities to cater for listening, speaking, reading and writing skills.

French for Business Studies is most suited to students with A-level French or equivalent. The units are progressive and build up to a level of competence sufficient to enable students to undertake an exchange study period or work placement in France. Together with the set of cassettes for listening comprehension and structural exercises, there is enough material for one year's intensive study of the language, though the course could be taught over two years at a more relaxed pace.

Each of the 10 units has a separate business theme and is divided into 4 sections.

The *texte d'introduction* in **Section A** provides students with some preparatory reading on the subject and the topic layout for a lecture. The text is followed by comprehension questions – *vrai ou faux?* After reading this preparatory section, students are encouraged by the *points de réflexion* to think more broadly about the themes discussed. The *activités de recherche* that follow range from finding out dates and figures to longer business research projects.

Section B consists of a text on a contemporary issue related to the unit theme, together with a glossary and comprehension questions in French. As well as serving as a basis for introducing language functions common in written texts, this section contains challenging material for reading comprehension and a stimulus for classroom discussion.

The activities that follow the text are intended for class work and include: *thèmes de discussion*, controversial topics for debate; *réunions-débats* or *simulations*, where groups of students play different roles in authentic situations to reach a decision or solve a problem; and *études de cas*, for analysis and presentation.

Section C deals with points of grammar usually arising out of the text in the previous section. The grammar is explained using examples from business situations, and supported by practice exercises which include:

- structural exercises, realistic dialogues recorded on cassette for use in the language laboratory or at home
- question and answer exercises
- sentence or text completion exercises.

Section D focuses on a communicative business skill in French and provides the student with a model for analysis and a task to complete.

Unit 1

LA TECHNOLOGIE

A *Texte d'introduction*

Pays tout en contraste par son climat, sa géographie, la diversité de ses régions et de ses cultures, la France l'est aussi par une attitude conservatrice face aux exigences de la vie actuelle et un modernisme poussé qui la met à la pointe de la technologie. Dans certains domaines tels que la télématique (le Minitel), le ferroviaire (le TGV, le TGV Eurostar), le spatial (Ariane) ou le nucléaire, elle s'avère l'un des leaders mondiaux.

L'informatique a fini par décoller en dépit d'un développement tardif. Malgré le rapport Nora Minc[1] (1977) qui préconisait l'informatisation de la société, l'Etat, d'une part, n'a guère poussé à la généralisation de l'usage de l'ordinateur, le personnel des entreprises, de l'autre, s'est montré méfiant devant un outil qui nécessitait une formation particulière. C'est grâce au microprocesseur (ou circuit intégré) et à la miniaturisation des ordinateurs que l'informatique a fait son entrée dans le monde du travail. Celle-ci a permis le développement de la production et de la communication dans les entreprises en optimisant les méthodes de gestion et de fabrication, en réduisant les coûts et, dans l'industrie, grâce à la réalité virtuelle, en simulant des situations réelles sur un écran, remplaçant ainsi en grande partie les prototypes.

Les télécommunications: la télématique (le mariage de l'informatique et des télécommunications) a fait son entrée par l'intermédiaire du *Minitel* lancé par France Télécom et destiné à une clientèle nationale. Ce terminal a familiarisé le grand public à l'ensemble clavier-écran, plaçant la France au premier rang pour l'utilisation des terminaux à domicile. Après un lancement expérimental à Vélizy en 1981, on en comptait un parc de 6,5 millions en 1996, avec 87 millions d'heures de connexion et 26 000 services proposés. Une telle expansion est due à:

- une distribution gratuite à tout abonné au téléphone désireux d'avoir l'annuaire électronique
- la simplicité de son utilisation: les codes 3615, 3616 ou 3617 suivis du nom d'un produit, d'une société ou d'un service. Mais malgré sa popularité et son efficacité, il se trouve menacé par son concurrent international l'Internet.

L'Internet était à l'origine un réseau destiné aux universités américaines et développé par elles dans le but d'échanger des connaissances. Son succès a été fulgurant et exponentiel. Il a donc largement dépassé ce cadre universitaire pour devenir un énorme outil de

---

[1] Rapport Nora Minc: rapport sur l'informatique, écrit à la demande du gouvernement français, par messieurs Nora et Minc.

communication au moyen duquel des millions de personnes du monde entier échangent de l'information par l'intermédiaire de 7 millions de sites, de milliers de réseaux et de prestataires de service en ligne.

Le commerce sur l'Internet représentait 250 millions de dollars en 1996, avec des centaines de milliards escomptés à l'avenir.

L'attrait des échanges sur la 'Toile' fait que les cybercafés (de 'cyber' et 'café', Communication Access For Everybody), ces lieux de connexion à l'Internet, prennent leur essor en France. Ce dernier outil de communication tous azimuts est voué à un avenir d'autant plus prometteur que le gouvernement, en la personne du ministre délégué aux télécommunications et à l'espace, y est favorable et veut faciliter l'accès aux autoroutes de l'information[2] (ou inforoutes) à l'Internet. En fait, de plus en plus de services payants du Minitel sont transférés gratuitement sur le 'Net', si bien que ce produit pourrait bien disparaître dans le long terme.

Numéris: On assiste au développement des applications multimédias via le RNIS français (Réseau numérique à intégrations de données) appelé *Numéris* par France Télécom. Ce système permet de transmettre l'image, le son et les données sur un même réseau. Inauguré en 1987 dans les Côtes du Nord, il est aujourd'hui étendu à toute la France. Ainsi, la bibliothèque du Centre Beaubourg s'en sert pour la téléconsultation d'une banque d'images, la FNAC pour l'écoute des nouveautés du disque compact avec son catalogue audio, Glaxo pour la consultation de documents à distance. L'ATM (Asynchronous Transfer Mode) présente les mêmes avantages mais avec une transmission des informations 2000 fois plus rapide sur de la fibre optique. Le visiophone, mis au point par le CNET (Centre National d'Etudes des Télécommunications) et raccordé à Numéris, permet de se voir au téléphone. Si la

[2] Autoroutes de l'information: réseaux électroniques à large bande et haut débit, capables de transporter plusieurs millions d'informations élémentaires à la seconde d'un usager vers un distributeur de services ou une banque de données et réciproquement.

reconnaissance vocale est encore à l'état embryonnaire, certaines sociétés comme la Redoute (VPC) utilisent la télématique vocale pour l'enregistrement des commandes.

Le courrier électronique: la communication interne et externe des entreprises est assurée de plus en plus sous forme de courrier électronique. L'interne, grâce à l'installation de réseaux locaux. L'externe, grâce à l'exploitation des lignes téléphoniques existantes, qui seront remplacées au long terme par le RNIS plus performant. Le grand avantage du courrier électronique est sa rapidité et son faible coût.

Le téléphone mobile: avec un réseau numérisé à 95%, le pays a rattrapé son retard par rapport au '22 à Asnières' des années 50 pour devenir l'un des plus modernes du monde. En outre, il n'a pas échappé à l'explosion du téléphone de poche. Le *bi-bop*, ultra-léger et bon marché, a donc été introduit à Paris par France Télécom après une phase expérimentale à Strasbourg.

Le ferroviaire: Le TGV qui détient le record de vitesse (515 km/h), qui se vend hors frontières (à l'Espagne, à la Belgique, à la Floride . . .) et dont le réseau s'est étendu internationalement (la ligne Paris–Bruxelles par exemple) est l'un des fleurons de la technologie française. En outre la France a fortement participé au développement du TGV Eurostar qui relie la Grande-Bretagne à Paris, à Lille et à Bruxelles. On peut se demander cependant si le TGV peut résister à la concurrence internationale compte tenu de son ancienneté et des avancées technologiques dans ce domaine par des pays tels que l'Allemagne ou le Japon.

Le spatial: malgré des accidents de parcours, le dernier datant de 1996, la fusée européenne Ariane est une réussite avec un solde exportateur favorable.

Le nucléaire: la France étant dépourvue de ressources fossiles, l'Etat a pris la décision de recourir à l'énergie nucléaire (le CEA ou Centre d'énergie atomique date de 1945). Ainsi, 77% de la production d'électricité sont d'origine nucléaire. Par ailleurs, le premier choc pétrolier de 1973 n'a fait que le confirmer dans cette voie. L'équipement nucléaire s'est accéléré. On a construit des surgénérateurs qui fonctionnent avec un mélange d'uranium naturel et de plutonium, ce dernier extrait des déchets radioactifs retraités à La Hague. La France est le leader mondial de cette technique avec Superphénix sur le site de Creys-Malville près de Lyon. A l'heure actuelle, l'Hexagone atteint un taux d'indépendance énergétique de 51,6%.

Conséquences de la technologie sur l'emploi et la formation

La mutation technologique a eu lieu en même temps qu'une crise économique qui semble s'éterniser. Particulièrement vulnérables sont ceux qui n'ont pas de formation adéquate et qui éprouvent des difficultés à s'adapter aux nouvelles formes de travail et à l'utilisation des machines électroniques. L'informatisation n'a pas que des effets négatifs puisqu'elle crée des emplois. Mais ceux-ci demandent une qualification plus poussée et des compétences autres que celles qui disparaissent. En outre, leur nombre est loin de compenser ceux qui sont supprimés. On ne soulignera donc jamais assez l'importance que revêt la formation.

Références

Rincé, Jean-Yves *Le Minitel*, collection 'Que sais-je?', PUF, (1990).
Michaud, Guy et Kimmel, Alain *Le Nouveau Guide France*, Hachette, (1994).
Mermet, Gérard *Francoscopie 1995*, Larousse.
Tableaux de l'économie française 1996–1997, INSEE.
'La longue marche du Numéris, le RNIS de France Télécom', *Info*, (janvier/février 1991).
Planète Internet no. 4 novembre/décembre 1995.
Internet Reporter no. 4 novembre 1995, issue 20 juin 1996.

Avez-vous compris?

Vrai ou faux? Cochez la bonne réponse:

	Vrai	Faux
1 L'Hexagone est à la traîne dans le domaine du ferroviaire.		
2 L'informatique a été introduite avec enthousiasme dans les entreprises.		
3 Le Minitel est un produit uniquement hexagonal.		
4 Le Minitel a un avenir prometteur.		
5 L'Internet prendra le pas sur le Minitel.		
6 Les cybercafés ont remplacé le Minitel.		
7 L'Internet a pris naissance dans les universités américaines.		
8 Grâce à Numéris, l'image et le son sont intégrés.		
9 La France se place au premier rang avec son surgénérateur.		
10 La crise économique a correspondu à la mutation technologique.		

Points de réflexion

1 La France devrait-elle adapter le Minitel à la télématique actuelle? Pourquoi?

2 Technophile ou technophobe? Parmi les innovations technologiques mentionnées dans le texte d'introduction, lesquelles vous passionnent, lesquelles vous font peur?

3 L'Angleterre et la France, partenaires européens mais aussi concurrents. A votre avis, quel pays gagnera la course à la technologie?

Activités de recherche

1 Quel a été le développement de l'informatisation de votre école ou université? Quelles technologies (ordinateurs, télécommunications, équipement pédagogique, mise en réseau) ont été accueillies favorablement par les professeurs et les étudiants, et lesquelles ont été moins bien appréciées? Faites une enquête auprès des différents utilisateurs.

2 'Vorsprung durch Technik' – Les Allemands d'accord, mais les entreprises françaises savent-elles vendre la technologie? Cherchez dans des magazines français des publicités qui vantent les atouts technologiques des produits ou des entreprises françaises. Quels slogans, quelles images publicitaires sont utilisés? (*Voir* Unit 9 La publicité.)

3 Faites des recherches sur le Minitel et voyez quels sont ses avantages et ses inconvénients par rapport à l'Internet.

4 Le bi-bop: à quoi sert-il et comment s'en sert-on?

B *Texte de compréhension*

La douloureuse mutation de la télématique française

Michel Alberganti

La migration du Minitel vers Internet promet quelques grincements de dents. Les obstacles bien connus du côté des consommateurs (acquisition d'ordinateurs coûteux, maîtrise de logiciels complexes, systèmes de paiements multiples) concernent également les industriels du Minitel. Les entreprises, organismes et administrations pour lesquels la télématique est devenue, au fil des ans, soit une raison d'être, soit une substantielle source de revenus complémentaires, vont devoir changer, non seulement de technologie mais, surtout, de culture.

Entre Minitel et Internet, les différences ne concernent pas uniquement le terminal, le débit de transmission, le multimédia ou la zone de couverture. Les deux systèmes se sont développés en parallèle, sans la moindre interférence. Ils reflètent aujourd'hui des philosophies du service télématique profondément divergentes.

La télématique française a été bâtie autour d'un pilier, France Télécom, avec deux principes fondateurs: la simplicité d'emploi et l'anonymat des utilisateurs. Grâce à son extrême centralisation, le Minitel a pu développer le système 'kiosque'. Ce dernier fonctionne en faisant payer à la durée des services classés selon une grille tarifaire (3615, 3617, etc.) et en intégrant les factures à celles du téléphone. Le paiement se trouve ainsi automatisé.

L'anonymat est garanti par le fait que France Télécom n'associe pas les abonnés aux services consommés mais uniquement aux tarifs et aux durées. Ainsi le minitéliste n'achète pas une heure de telle ou telle messagerie rose mais une heure de 3615 à 2,23 francs par minute, soit 133, 80 francs.

Sur Internet, un tel système se révèle, *a priori*, inapplicable. En effet, le réseau mondial est dépourvu de centre. Pour transposer le Kiosque dans le cyberespace, il faudrait qu'il soit géré par l'ensemble des opérateurs téléphoniques et qu'une procédure de compensation soit instituée sur le modèle qui régit les communications internationales.

Dans le cas de la télématique, la facturation se complique avec l'entrée en scène d'un nouvel acteur, le prestataire de service, qui entend, lui aussi, être rémunéré. Avant qu'une solution soit trouvée, France Télécom va ouvrir en 1998 un kiosque sur Internet qui, de fait, sera réservé aux abonnés français.

Héritage des besoins de communication des militaires d'abord, des chercheurs et des universitaires ensuite, le réseau mondial est fondé sur une tradition de gratuité de l'information. L'évolution vers une utilisation commerciale, stimulée par le succès d'Internet auprès des entreprises et du grand public, n'a pas entamé ce principe, au point que les systèmes de paiement se développent lentement sur la Toile. Pour autant, aucun des acteurs d'Internet n'oserait imaginer faire payer une information commerciale ou administrative. Les premières réalisations de commerce électronique concernent exclusivement la vente de produits (livres,

disques compacts, CD-ROM, logiciels, etc.) ou de services (billets d'avion, chambres d'hôtel ou journaux).

Toute la différence est là. Le Minitel commercialise l'information, toute l'information, jusqu'à la publicité dont l'utilisateur paye le délai d'affichage. La SNCF et Air France font payer en ligne un service gratuit dans le monde physique. L'obtention d'un horaire d'avion ne coûte rien au consommateur lorsqu'il s'adresse à l'employé qui tient un guichet. Elle est payante sur Minitel. Pourtant, les frais respectifs pour la compagnie de transport devraient conduire à une situation inverse. En créant un équilibre économique fondé sur des principes opposés à ceux qui sont appliqués sur Internet, le Minitel a donné aux acteurs de la télématique française un fort handicap psychologique. Une sorte de mauvais pli.

La France risque de subir les effets du paradoxe, au demeurant très classique, qui met le pionnier en queue du peloton après une rupture technologique. Les artisans du Minitel, France Télécom, Alcatel et Matra en tête, jouent aujourd'hui la carte du compromis. Pour répondre aux injonctions de Lionel Jospin qui scuhaitait le 25 août, *'la migration progressive du vaste patrimoine de services du Minitel vers Internet'*, ils conçoivent des terminaux hybrides combinant les fonctions de téléphone, de télécopie, d'accès à Internet et au Minitel. Et le Kiosque IP que prépare France Télécom risque de se traduire plur par un accès au minitel par Internet qu'à une véritable migration des services. France Télécom s'en défend en annonçant une multiplication des modes de paiement sur le kiosque IP: règlement au fortait, à l'acte et par abonnement. Reste à savoir quels services adopteront ces innovations qui, par ailleurs, auraient pu voir le jour, depuis longtemps, sur le Minitel classique . . . .

En jouant sur les deux tableaux, la télématique française tente de repousser une échéance inéluctable. Elle pourrait ainsi continuer à exploiter financièrement les habitudes prises par les Français au cours des quinze dernières années. Ce faisant, elle aggravera son retard sur l'apprentissage des mécanismes intimes d'Internet. La Toile offre en effet un champ entièrement nouveau d'expérimentation, en particulier pour le commerce électronique.

Les Américains, qui prêchent pour son développement mondial, l'ont bien compris. Ils explorent déjà à grande échelle les ressources d'internet qui créent des relations inédites avec les consommateurs. La complexité, la croissance vertigineuse et l'ébullition permanente qui agite le cyberespace en font un univers entièrement vierge qui s'invente en même temps qu'il se crée. La simplicité, la stagnation technique, le confinement dans un seul pays et les dérives commerciales engendrées par l'absence de réelle concurrence, rendent Minitel obsolète. Ne pas prendre acte de cette situation pénaliserait gravement les entreprises françaises dans la course mondiale du commerce électronique.

Le Monde, 2–3 novembre 1997.

---

logiciel (m) software
débit(m) de transmission (f) transmission rate
sans interférence (f) without any common ground
pilier (m) node, central service
grille (f) tarifaire table of charges
messagerie (f) rose sex chat-line via Minitel
dépourvu de centre has no centre/central service
prestataire (m) de service service provider
réseau (m) mondial world wide web
entamer to undermine
délai (m) d'affichage (m) display time
mauvais pli (m) bad habit
paradoxe (m) au demeurant très classique in fact, a classic paradox
jouer la carte de to opt for
se traduire par to result in
règlement (m) au forfait (m) fixed rate payment
jouer sur lex deux tableaux (m) to hedge one's bets
repousser une échéance inéluctable to put off the inevitable
prêcher pour to advocate
ébullition (f) fever of excitement
dérives (f) commerciales commercial wilderness

Questions sur le texte

1 Pourquoi s'attend-on à des grincements de dents lorsque Minitel migrera vers Internet?

2 Que veut dire le journaliste par 'changer de culture' et pourquoi les industriels du Minitel devront-ils changer de culture?

3 Dressez une liste des caractéristiques de la télématique française.

4 Quelle est la particularité du système de paiement du Minitel?

5 Pourquoi le prestataire de service est-il un facteur de complication pour la facturation?

6 En quoi le système mondial et le système français sont-ils diamétralement opposés?

7 En quoi la télématique française s'avère-t-elle paradoxale quand il s'agit d'obtenir une information?

8 Pourquoi la solution envisagée par les artisans du Minitel est-elle un compromis?

9 De quelle échéance inéluctable s'agit-il?

10 Qu'est-ce qui mettrait les entreprises françaises à la traîne de la course mondiale au commerce électronique?

 ## Activités

1 Dressez une liste des activités régulières que vous faites dans la vie courante en utilisant l'informatique.

2 Demandez à un autre étudiant dans quelle mesure il utilise l'informatique pour faire ses études ou son travail. Expliquez-lui comment il pourrait mieux gérer son travail et son temps grâce à l'informatique.

3 Le personnel enseignant insiste pour que tous les exposés oraux soient présentés en utilisant un support informatique style 'Powerpoint'. Qu'en pensez-vous?

4 Le recteur de votre université a donné son accord à un projet d'extension de l'informatisation des facultés. Des liaisons directes entre les différents services administratifs de l'université, tels la bibliothèque, la comptabilité et le bureau de logement seront assurées par courrier électronique. Il n'y aura plus de notes internes. La bureautique sera complétée par l'adjonction de la télématique vocale mise à la disposition des employés. Le doyen de la faculté a réuni trois groupes de personnes qui seront touchées par ces changements. Divisez la classe en trois groupes, qui présenteront chacun leur point de vue sur la proposition. Il s'en suivra un débat à la fin duquel le professeur demandera aux étudiants de voter pour ou contre la proposition. Les trois groupes sont les suivants:

Groupe A: Le doyen de la faculté et ses adjoints. Vous êtes pour la proposition qui vous permettra non seulement d'assurer un meilleur service aux étudiants, mais aussi de gérer la faculté d'une façon plus souple. Vous pensez également à l'aspect financier et à l'image de la faculté.

Groupe B: Les secrétaires et le personnel administratif. Vous êtes contre la proposition. Vous avez déjà eu à apprendre différents systèmes de logiciels et traitement de texte, et vous aurez à en maîtriser d'autres plus compliqués. Vous craignez en plus la suppression d'emplois dans l'université, pour faire les économies rendues nécessaires par les dépenses en matériel informatique.

Groupe C: Les professeurs. Vous n'avez pas encore pris position. Tout en voyant les avantages d'avoir votre propre micro-ordinateur, et la flexibilité que cela vous apportera, vous craignez la perte des secrétaires pour taper les rapports et le courrier, d'autant plus que certains d'entre vous n'arrivent pas à maîtriser les logiciels de traitement de texte ni de tableur.

5 'Les entreprises devraient encourager leurs cadres à travailler davantage chez eux.' Quels sont les avantages et les inconvénients, pour l'entreprise comme pour l'employé, de ce travail à domicile?

6 L'Université devrait faciliter les études en mettant l'Internet à la disposition de tous les étudiants, même si c'était au détriment du nombre de livres et de revues dans la bibliothèque. Etes-vous d'accord?

7 Discussion: La banalisation de l'informatique met à la portée de toutes les entreprises y compris celles de moins de dix employés les techniques de commercialisation jusqu'alors limitées aux grandes entreprises.

C *Grammar*

Interrogative sentences: direct questions

There are two types of questions – Type A, which requires a straightforward yes or no answer; and type B, which focuses only on a particular aspect of the sentence. This type of question requires an interrogative word such as *où, qui* etc.

Type A questions

Normally, there are three different ways of asking a question in French, depending on the language register which is used.

(i)   In **spoken, colloquial** language, the intonation simply rises at the end of the sentence.

> Il part souvent en déplacement?
> (Does he often go on business trips?)
>
> Pierre part souvent en déplacement?
> (Does Pierre often go on business trips?)

(ii) In **everyday** language, one adds *est-ce que* at the beginning of the sentence and raises the intonation at the end.

> Est-ce qu'il part souvent en déplacement?
> Est-ce que Pierre part souvent en déplacement?

(iii) In **formal, written** language if the subject is a pronoun, inversion of the subject and verb occurs, and the pronoun is linked to the verb with a hyphen.

> Part-il souvent en déplacement?

If the subject is a noun, complex inversion occurs – the noun is stated first, then the verb, then the pronoun, which repeats the subject.

> Pierre part-il souvent en déplacement?

Type B questions

(i) The question contains an **interrogative pronoun** which is the **subject**:

- *Qui* or *qui est-ce qui?* means *who?* and refers to people:

  > Qui a organisé la manifestation anti-nucléaire? (*all registers*)
  > (Who organised the anti-nuclear demonstration?)

  > Qui est-ce qui a organisé la manifestation anti-nucléaire? (*everyday language*)

- *Qu'est-ce qui?* means *what?* and refers to things.

  > Qu'est-ce qui s'est passé à Tchernobyl? (*only one form for all registers*)
  > (What happened at Chernobyl?)

(ii) The question contains an interrogative pronoun which is the **direct object**:

- *Qui* or *qui est-ce que?* means *who?* and it refers to people.

  > Vous avez vu qui dans cette tenue incroyable? (*colloquial*)
  > (Who did you see in that incredible attire?)

  > Qui est-ce que vous avez vu dans cette tenue incroyable? (*everyday*)
  > Qui avez-vous vu dans cette tenue incroyable? (*written*)

- *Que?* or *qu'est-ce que?* means *what?* and refers to **things**.

  > Qu'est-ce que vous prenez? De l'essence avec ou sans plomb?
  > (What do you have? Leaded or unleaded petrol?)

  > Que prenez-vous?

- *Quoi?* means *what?* and is found:
  a) with *de* + an adjective:
  > Quoi de neuf?
  > (What's new?)
  b) with the infinitive of verbs such as *répondre, faire, dire*:
  > Quoi dire?
  > (What can you say?)
  c) as the **direct object** of a verb when used for emphasis:
  > J'ai effacé de ma disquette la correspondance 'Aquitaine'. – Tu as effacé quoi?
  > (I have wiped the 'Aquitaine' correspondence off my disk. – What have you wiped off?)

  > NB: In conversational usage, it is unemphatic.

  > > Ça veut dire quoi ce mot? = Qu'est-ce que ça veut dire ce mot?
  > > (What does this word mean?)

(iii) The question contains an interrogative pronoun which is the **indirect object and introduced by a preposition**:

- *A qui?*

  > Vous avez envoyé le fax à qui?
  > (Who have you sent the fax to?)

A qui est-ce que vous avez envoyé le fax?
(To whom did you send the fax?)

A qui avez-vous envoyé le fax?

- *Avec qui, pour qui, par qui?*

    Avec qui Philips a-t-il signé des accords multimédias?
    (With whom did Philips sign multimedia agreements?)

    Pour qui est ce matériel qui nous a été livré ce matin?
    (For whom is this material that was delivered to us this morning?)

    Par qui est dominé le marché des ordinateurs?
    (The computer market is dominated by whom?)

- *A quoi, en quoi, de quoi?*

    A quoi sert-il cet appareil?
    (What is this apparatus used for?)

    En quoi est-ce si formidable?
    (What is so marvellous about it?)

    De quoi avez-vous besoin?
    (What do you need?)

(iv) The question contains an **interrogative adverb**:

- *Où? Quand? Comment? Pourquoi? Combien?*

    L'usine de traitement de déchets nucléaires est située où? (*colloquial*)

    Où est-ce que l'usine de traitement de déchets nucléaires est située? (*everyday*)

    Où l'usine de traitement de déchets nucléaires est-elle située? (*written language*)

    Où est située l'usine de traitement de déchets nucléaires? (*written language*)
    (Where is the nuclear waste treatment plant?)

    Quand revient-il du Canada?
    (When is he coming back from Canada?)

    Il revient du Canada quand? etc ...

    Comment utilise-t-on un télécopieur?
    (How does one use a fax machine?)

    Pourquoi l'Etat n'a-t-il pas investi davantage dans les énergies de substitution?
    (Why has the state not invested more in alternative energy?)

    Combien coûte le fonctionnement de Superphénix?
    (How much does keeping Superphénix in working order cost?)

- *Où? Quand? Combien?* may be introduced by a preposition.

    Par où faut-il passer pour aller de Lille à Reims?
    (Through which towns do you have to go to get from Lille to Reims?)

- *Depuis quand/combien?*

    Depuis combien de temps m'attendez-vous?
    (How long have you been waiting for me?) (*See* grammar section, Unit 7).

(v) The question contains the **interrogative pronoun** *lequel, laquelle, lesquels, lesquelles* which can be:

- the subject

   De ces deux logiciels, lequel est le plus performant?
   (Which is the more powerful of these two computer programmes?)

- the direct object

   Parmi les différents Minitel, lequel choisissez-vous?
   (Which of the various Minitels are you having?)

- the indirect object and introduced by a preposition

   Vous avez lu plusieurs annonces d'emploi. Auxquelles avez-vous répondu?
   (You've read several job adverts. Which ones have you replied to?)

(vi) The question contains an **interrogative adjective:**

- *Quel, quelle, quels, quelles* + noun

   Quelle heure est-il? Quelle heure il est?
   (What time is it?)

- *Quel* introduced by a preposition

   Pour quelle société travaillez-vous?
   (Which company are you working for?)

📼 Structural exercises

Listen to the recording and respond in French to what is said in the same way as the example.

A You have misunderstood what you were told. Ask the speaker to explain again.

   Les pistes magnétiques sont falsifiables. C'est pourquoi on a retenu une autre technologie.
   Pourquoi a-t-on retenu une autre technologie?

A vous maintenant

1 Le surgénérateur Superphénix a eu des fuites. C'est pourquoi il a été fermé.
2 Les Français ont une carte bancaire acceptée partout. C'est pourquoi il y a tant de cartes.
3 La carte à puce a une multitude d'applications. C'est pourquoi les étrangers s'y intéressent.
4 La télématique a un succès foudroyant. C'est pourquoi il y a de plus en plus de services spécialisés.
5 Les bouleversements technologiques se succèdent à un rythme croissant. C'est pourquoi on a du mal à s'adapter.

B You are a salesperson in a computer shop. Your customer does not know which product to choose and you become impatient.

   J'hésite entre ces deux logiciels.
   Décidez-vous. Lequel choisissez-vous finalement?

A vous maintenant

1 J'hésite entre deux technologies: l'ancienne que tous maîtrisent, et la nouvelle plus performante.

2 J'hésite entre deux solutions: éliminer les techniques inutiles ou investir dans la formation du personnel.

3 J'hésite entre deux stratégies: recenser la technologie de l'entreprise par famille de produits ou par procédés.

4 J'hésite entre le Minitel 5 et le Minitel 12 avec combiné intégré au clavier.

5 J'hésite entre le système de transmission de messages 'bip' Eurosignal ou opérator.

C The following statements leave you in doubt. Ask for the speaker to be more specific.

Notre chef de département ne fait plus confiance à Jacques Bertin.
Mais alors, il fait confiance à qui?

A vous maintenant

1 Madame Chert s'est trompée. Elle n'a pas envoyé la lettre de relance à Merlin Gérin.

2 Désolée, mais ce rapport n'est pas pour moi.

3 Monsieur Renoux n'est pas parti en congrès avec Monsieur Perloy.

4 Le logiciel commandé par Madame Silos ne lui sert pas.

5 Le compte-rendu sur l'accident n'a pas été rédigé par le chef d'atelier.

Written exercise

Here is a series of questions. The interrogative word is missing and, in some cases, the preposition which precedes it. Complete the questions correctly, using the following list of interrogative words.

> *de qui? quels? par qui? qu'est-ce que? (2 fois) qui? (3 fois)*
> *quel? sur quoi? quand? quelle? qu'est-ce qu'? en quoi?*
> *à quoi? qui est-ce? pourquoi? de quoi? dans quelle? par où?*

1 (. . .) sert la téléréunion?

2 C'est de la part (. . .)?

3 (. . .) a lancé Numéris en France?

4 (. . .) les vépécistes ont mis en place?

5 (. . .) est le nouveau VRP?

6 (. . .) faut-il passer pour aller au parc des expositions de Villepinte?

7 (. . .) échantillons faut-il emporter pour mieux convaincre la clientèle?

8 (. . .) cela vous regarde-t-il?

9 (. . .) un centre serveur?

10 (. . .) imprimante me conseillez-vous?

11 (. . .) est à l'appareil?

12 (. . .) ne prenons-nous pas plutôt le TGV?

13 Madame Mousouris, (. . .)?

14 (. . .) avez-vous besoin comme renseignements?

12

15 (. . .) devez-vous partir pour Rio? A la fin du mois?

16 (. . .) vous avez relevé d'intéressant dans le communiqué de presse?

17 (. . .) histoire vous m'avez fourré?

18 (. . .) comptent les promoteurs de l'audiovisuel européen pour s'imposer?

19 Minitel a été inventé (. . .)?

20 (. . .) est donc le résultat des discussions sur la fusion?

D *Business language skills*

L'entretien téléphonique

Le téléphone, cet instrument indispensable à la vie quotidienne des affaires, n'est pas toujours facile à manier, même pour un Français. Il sert souvent de premier contact avec la personne que vous devez voir/convaincre. Sans visiophone, le contact est uniquement vocal. La façon dont vous vous exprimez est donc primordiale, car elle donnera une image de vous, donc de votre société, à votre interlocuteur. Avant de décrocher l'appareil, soyez prêt, sachez ce que vous voulez dire, préparez vos arguments.

Pour un bon entretien téléphonique . . .	
Vous devez . . .	*Vous ne devez pas* . . .
● préparer votre phrase d'introduction	● être pris au dépourvu.
● vous présenter: donner votre nom et, s'il y a lieu, celui du service et de la société où vous travaillez. Etre assuré.	● être timide en vous présentant.
● demander à parler à un interlocuteur précis. Si vous ne connaissez pas son nom, demandez le responsable de tel ou tel service.	● être hésitant.
● être précis et bref. Le temps de votre interlocuteur est précieux.	● employer des phrases longues, complexes, ambiguës, non terminées.
● parler distinctement et avec dynamisme.	● bredouiller ni laisser de 'blancs' dans la conversation. Vous feriez croire que vous ne savez pas quoi dire.
● être attentif à ce que vous dit votre interlocuteur. Etre disponible.	● couper la parole, même si vous êtes pressé.
● être aimable.	● employer un ton sec.
● être persévérant.	● être trop insistant, vous imposer.
● reformuler les points importants (ce qui a été convenu).	● vous répéter.
● être positif.	● être négatif. Cela passerait pour une critique.
● toujours prendre note d'une conversation téléphonique.	● recevoir de message téléphonique sans inscrire le contenu.

Expressions usuelles au téléphone

Announcing yourself

Bonjour. Ici Madame Chaumitte, de la société Lagrange.

To ask to speak to someone

Pourrais-je parler à Monsieur... Madame... Mademoiselle...
Je voudrais parler à ...

Passez-moi le poste 421 s'il vous plaît. Monsieur Perrin.
Passez-moi le service marketing s'il vous plaît.
Passez-moi le responsable des ventes s'il vous plaît.

To ask who is calling

C'est de la part de qui?
Qui est à l'appareil?
Qui dois-je annoncer?

If you cannot hear or understand the caller

Pourriez-vous répéter?
Pourriez-vous parler plus lentement?
Pourriez-vous parler plus fort, s'il vous plaît?
La ligne est mauvaise.
Il y a de la friture sur la ligne.

Spelling names

Pourriez-vous épeler votre nom s'il vous plaît?
(Il existe un alphabet de convention utilisé par les employés de la poste et généralisé en France. Cela permet d'éviter toute erreur de nom:

A comme	Anatole	I comme	Irma	R comme	Raoul
B	Berthe	J	Joseph	S	Suzanne
C	Célestin	K	Kléber	T	Thérèse
D	Désiré	L	Louis	U	Ursule
E	Eugène	M	Marcel	V	Victor
É	Émile	N	Nicolas	W	William
F	François	O	Oscar	X	Xavier
G	Gaston	P	Pierre	Y	Yvonne
H	Henri	Q	Quintal	Z	Zoé

Cependant, il est inutile de répéter 'comme' à chaque lettre. Vous aurez ainsi, par exemple: Madame Chaumitte... j'épelle: Célestin, Henri, Anatole, Ursule, Marcel, Irma, Thérèse deux fois, Eugène.)

The caller has dialled the wrong number

Vous avez fait un faux numéro.
Il y a erreur.

Connecting the caller

Ne quittez pas, je vous le passe.
Un instant s'il vous plaît.

The line is busy

Pouvez-vous patienter? Le poste est occupé.

Je suis désolée de vous faire attendre, mais Monsieur Perrin est toujours en ligne. Vous patientez?

Oui, je patiente.

Changing an appointment

Je suis désolée, mais j'ai eu un empêchement de dernière minute. Je ne pourrai pas vous rencontrer comme convenu. Vous serait-il possible de repousser le rendez-vous?

Alors, je pourrais vous recevoir le 3 mars à 15h30. Ça vous conviendrait?

Le 3 mars à 15h30? C'est parfait.

Je vous remercie de votre compréhension.

Taking a message for an absent colleague

Ici la secrétaire de Monsieur Perrin. Il a dû se rendre à une réunion. Voulez-vous rappeler?

Voulez-vous laisser un message?

Pouvez-vous me laisser vos coordonnées s'il vous plaît?

Taking the message

D'accord. Je lui ferai la commission sans faute.

Voulez-vous que Monsieur Perrin vous rappelle?

Désirez-vous parler à quelqu'un d'autre?

Giving out a telephone number

Ah, demain, Monsieur Perrin sera au 01-47-32-59-86.

En France, les numéros de téléphone ont 10 chiffres qui s'énoncent par ensemble de deux. Ainsi, le numéro de téléphone ci-dessus s'énoncera: zéro un; quarante-sept; trente-deux; cinquante-neuf; quatre-vingt-six.

Activités

Vous allez entendre six situations au téléphone. Vous allez vous aider des fiches téléphoniques qui figurent dans ce chapitre et les remplir en conséquence.

Situation 1
Votre destinataire est absent (1)

Situation 2
Votre destinataire est absent (2)

Situation 3
Qu'est-ce que Monsieur Voiron décide de faire quand la ligne est occupée?

Situation 4
Votre chef de service vous charge de réserver par téléphone un billet de train pour aller à Lyon. Vous composez le 01-45-82-50-50. Vous vous trompez de numéro. Sur quel service tombez-vous et quel numéro devez-vous appeler?

Situation 5
Cette fois-ci, vous faites le bon numéro. Notez les détails de la réservation de billet.

Situation 6
Ecoutez la conversation téléphonique. Croyez-vous que Monsieur Choiseul contactera Sylvie Merlin? Aurait-elle dû insister davantage? Si vous étiez à la place de Sylvie Merlin, qu'auriez-vous dit?

 ### Jeu de rôles

Avant le jeu de rôles, l'étudiant qui joue le rôle de l'employé dans l'agence de voyages doit s'équiper d'une brochure d'une société de voyages organisés.

Premier étudiant: Vous travaillez dans une agence de voyages. Un client (2e étudiant) vous téléphone pour avoir des renseignements sur un voyage organisé en France. Vous lui donnez toutes les informations dont il (elle) a besoin, et vous essayez de le (la) persuader de réserver son voyage tout de suite, par téléphone.

Deuxième étudiant: Vous voulez partir en voyage en France pendant quinze jours, au mois de septembre. Vous téléphonez à une agence de voyages pour avoir les renseignements suivants:

- les possibilités de lieux de séjour dans le sud de la France;
- les tarifs, y compris l'hôtel et le transport;
- les services offerts aux touristes, en particulier la location de voitures, les dates et les horaires de départ.

FICHES TELEPHONIQUES

M _____

DATE	HEURE

PENDANT VOTRE ABSENCE

M _____
Société: _____
N° Téléphone: _____

A TÉLÉPHONÉ		VEUILLEZ L'APPELER	
EST VENU VOUS VOIR		RAPPELLERA	

Message: _____

MESSAGE

Communication reçue à _____ heures, le _____

de M _____

pour M _____

☐ a téléphoné sans laisser de message,

☐ demande de le rappeler au N° _____

☐ a laissé le message suivant: _____

Unit 2

LE MONDE DU TRAVAIL EN FRANCE

A Texte d'introduction

Amélioration des conditions de travail grâce à la législation et aux conventions collectives; évolution de l'emploi vers le secteur tertiaire; pourcentage important de travailleurs étrangers; accès plus fréquent des femmes à des postes de décision; chômage structurel depuis la crise pétrolière de 1974; concurrence mondiale et ses conséquences: sentiment d'insécurité et stress. Telles sont les caractéristiques du monde du travail en France à l'heure actuelle.

L'amélioration des conditions de travail

A la fin du XIXe siècle, les salariés ne bénéficiaient pas des avantages qui nous semblent aller de soi aujourd'hui. Le repos hebdomadaire de 24 heures consécutives, la semaine de 39 heures et les congés payés figurent parmi les grandes innovations de ce siècle. A cela s'ajoute la représentation des intérêts des salariés par des syndicats tels que la CGT, la CFDT et FO.

Si l'industrie a évolué en France moins vite qu'au Royaume-Uni, les conditions de travail, elles, s'y sont améliorées rapidement. C'est ainsi que l'âge de la retraite a été abaissé (60 ans), les congés payés augmentés (5 semaines), un salaire minimum, le SMIC[1], instauré dès 1950 et fixé en juillet 1996 à 6374,68 F par mois pour 169 heures de travail selon une base horaire de 37,72 F.

La tertiorisation de la société française

La croissance spectaculaire du secteur tertiaire (68% de la population active) – qui regroupe des activités aussi disparates que les transports, les télécommunications, les commerces, les banques, les assurances, l'éducation, la santé, les loisirs, l'écologie etc. – est l'un des phénomènes significatifs d'après-guerre. En effet, il s'est produit un net déclin des secteurs agricole (avec 2,7% des actifs) et industriel (30% des actifs) accompagné en même temps d'une remarquable augmentation du nombre de postes dans les services. Il s'en est créé 13,4 millions entre 1975 et 1987 par suite de l'émergence de la société de consommation.

---

[1] Le SMIC: Salaire Minimum Interprofessionnel de Croissance. Son montant est révisé à chaque hausse d'un minimum de 2% de l'indice des prix (tabac non compris).

En outre, le pourcentage de salariés est passé de 72% en 1960 à 86% en 1994, soit 19 millions sur 22 millions de personnes occupées, parmi lesquelles 6 millions dans la fonction publique. Avec l'avènement de l'électronique, il s'est opéré un glissement vers les emplois de bureau et un développement de la catégorie des employés (23,5% des actifs) et des cadres moyens supérieurs.

Les travailleurs étrangers

Devant l'attirance des Français pour le tertiaire et la pénurie de main-d'oeuvre, les pouvoirs publics ont facilité l'entrée des travailleurs étrangers en France. Cette main-d'oeuvre bon marché a contribué à relever l'économie française des ruines de la guerre. Au début, le système fonctionnait avec un flux d'entrées et de sorties du territoire, ces travailleurs ne restant en France que deux à trois ans. Leur installation dans le pays a commencé avec l'arrivée des épouses. A peine perçue à ses débuts, elle s'est accentuée au point que l'entrée des familles était deux fois plus nombreuse que celle des travailleurs au moment de la première crise pétrolière. C'est alors que le gouvernement a pris des mesures destinées à ralentir l'immigration, en limitant le nombre d'entrées annuelles et en incitant les immigrés à retourner chez eux. Le nombre d'étrangers est d'environ 4 millions, répartis entre ressortissants de l'Union Européenne (1 300 000) et hors UE (2 280 000 dont 1 500 000 Maghrébins), parmi lesquels 1 573 250 million de travailleurs, soit 6,2% de la population active en 1995, en baisse par rapport à 1975 (7,3%). Les Portugais sont les plus nombreux (24%), suivis des Algériens (16%), des Marocains (13%) et des ressortissants de l'Afrique noire (7%). Ils occupent les postes les moins qualifiés et les moins rémunérés dans la construction et l'agriculture, et on les trouve surtout en Ile-de-France, en Corse, et dans les régions Rhône-Alpes et Provence-Côte d'Azur.

Les femmes et le marché du travail

L'insertion des femmes dans le marché du travail n'est pas un phénomène récent. En effet, la croissance économique de la fin du XIXe siècle a bouleversé les structures traditionnelles en brisant l'opposition vie privée (foyer – mari – éducation des enfants), vie publique, réservée aux hommes. Au début du XXe siècle, les femmes représentaient déjà 35% des actifs. Mais elles étaient reléguées à des postes d'exécution et mal payés (exploitation agricole, main-d'oeuvre, domesticité).

Par contre, être passées du statut de 'non personnes' à celui d'êtres autonomes, ayant accès à des postes hautement qualifiés naguère masculins, est un fait relativement nouveau, l'aboutissement de longues années de luttes.

C'est par la législation (droit de vote, exercice d'une profession et ouverture d'un compte bancaire sans la permission du mari, égalité de salaire entre les sexes, légalisation de la contraception et de l'avortement), et par l'éducation, que les femmes se sont émancipées et ont pu accéder à des professions qui étaient auparavant la chasse gardée des hommes.

Cette égalité dans les textes se vérifie-t-elle dans les faits?

En 1996, les femmes représentaient 45% de la population active, avec 11 millions d'actives, dont 2,7 millions occupées à temps partiel et 1,4 million au chômage. Si elles parviennent aujourd'hui à des postes à responsabilité, elles représentent seulement 30% des cadres pour moins de 10% des dirigeants, 6% des ingénieurs, 1,5% des 200 chefs des entreprises les plus importantes, 6% des députés et 5% des sénateurs. Il leur est plus difficile de faire une carrière car elles n'ont guère accès aux postes de direction dans les grandes organisations. C'est pourquoi elles choisissent de créer leur propre entreprise (26% des patrons sont des femmes). Elles ont moins accès à la formation continue que les hommes, bien que la différence diminue. En outre, malgré la loi relative à l'égalité professionnelle entre les hommes et les femmes, confirmée par celle du 13 juillet 1983, elles sont rémunérées dans l'ensemble 30% de moins qu'eux et les smicardes sont plus nombreuses que les smicards.

De retour au foyer après une journée de labeur, elles se trouvent confrontées aux tâches ménagères dont le partage n'est guère équitable, si bien qu'elles assument en fait un double travail. Pouvant difficilement concilier un équilibre entre la vie professionnelle et la vie privée, elles sont souvent attirées par le temps partiel. De plus, en période de crise, elles sont davantage touchées que les hommes par les emplois précaires et par le chômage (14% contre 10%).

Le chômage

La France est l'un des pays de l'Europe où le taux de chômage se fait le plus sentir, avec 3,1 millions de demandeurs d'emploi officiel, soit 12,2% de la population active. Le chômage longue durée frappe davantage les jeunes, les femmes, les personnes non qualifiées, mais atteint aussi les cadres, catégorie épargnée jusque-là.

Cette dégradation du marché du travail est due à plusieurs facteurs:

- un ralentissement de la croissance depuis 1990 (entre 1,1% et 1,2% par an);
- une hypercompétitivité internationale;
- le développement de la technologie avec pour conséquences des restructurations et l'embauche d'un personnel mieux qualifié;
- l'attitude des Français qui estiment qu'accepter un poste non conforme à leurs diplômes serait se déclasser.

Pour tenter de redresser la situation, les différents gouvernements qui se sont succédés depuis 1974, ont modifié les formes de l'emploi. Rigides avant cette date (plein temps, durée indéterminée, salaire minimum), elles se sont assouplies depuis les années 80 (intérim, durée déterminée, temps partiel, préretraite; Tuc ou travaux d'utilité collective, SIVP ou stages d'initiation à la vie professionnelle, CES ou contrats d'emploi-solidarité, CEC ou contrats d'emplois consolidés créés en 1992 et destinés aux personnes qui n'ont pas trouvé de travail après un CES, CIE ou contrats d'initiative emploi lancés en août 1995, CIL ou contrats d'initiative locale). Dernière tentative en date: la loi Robien, entrée en vigueur en été 1996. L'entreprise réduit le temps de travail de 10% à 15% et s'engage à augmenter ses effectifs d'autant. L'Etat lui accorde alors un allègement des cotisations patronales de 40% à 50% la première année, puis de 30% à 40% les six années qui suivent. S'il s'agit d'une entreprise en difficulté, l'embauche est remplacée par un maintien des effectifs existants pendant un certain temps.

Le stress

L'amélioration du rendement s'est traduite par une augmentation du travail des cadres (15% d'entre eux ne terminent pas avant 20h30). Par ailleurs, le sentiment général d'insécurité, de peur de l'échec, a pour conséquence le stress avec ses effets néfastes: le recours aux somnifères et aux tranquillisants dont les Français sont les plus grands consommateurs mondiaux.

L'avenir de l'emploi

D'un côté, au cours du XXe siècle, les acquis ont été considérables sur le plan des conditions de travail et de salaire. De l'autre, les catégories sociales les plus qualifiées ont progressé. Il n'en reste pas moins que, malgré un allongement de la scolarité, l'illétrisme atteint des proportions alarmantes et 50% de la population active demeure sans formation et sans le niveau bac. D'où les effets pervers ressentis à l'heure actuelle, en particulier, le chômage. Un changement des mentalités semble s'effectuer. Ainsi, le partage du travail vient en tête des réponses à un sondage réalisé par l'Ifop (26%) comme solution à apporter pour lutter avec efficacité contre ce problème, devant la création d'emplois et l'arrêt des licenciements (15%).

Pour le moment, les diverses tentatives officielles sont restées nulles et non avenues. Malgré le FMI qui prévoit un rythme de croissance de 2,4% pour 1997, la morosité se fait sentir dans l'Hexagone.

Références

Mermet, Gérard *Francoscopie*, Larousse, (1995).
Jeaneau, Y. *La législation du travail*, Nathan, (1996).
Gaspard, Françoise and Servan-Schreiber, Claude *La fin des immigrés*, Seuil, (1985).
Cordero, Christiane, 1994 *Le travail des femmes*, Le Monde-Editions, (1994).
Tableaux de l'économie française 1996–1997, INSEE, (1996).
Voici la France, Direction de la Presse, de l'Information et de la Communication, Ministère des Affaires étrangères, (avril 1996).

Avez-vous compris?

Vrai ou faux? Cochez la bonne réponse.

	Vrai	Faux
1 L'emploi s'est déplacé vers les services.		
2 Le SMIC fait partie des améliorations des conditions de travail imitées du Royaume-Uni.		
3 Il s'est créé un nombre important de postes dans le secondaire.		
4 La France a redressé son économie grâce à la main-d'oeuvre immigrée.		
5 La présence féminine est rare dans la vie politique.		
6 Le nombre de chômeurs est sensiblement le même en France que dans les autres pays européens.		
7 Les Français n'aiment pas faire un travail qui ne correspond pas à leurs diplômes.		
8 Pour remédier à la situation, l'Etat insiste sur des contrats à durée indéterminée.		
9 Les femmes se sont introduites récemment dans le marché du travail.		
10 La prise de sédatifs est un mal français.		

Points de réflexion

1 A votre avis, pourquoi le SMIC a-t-il été instauré en France et pas en Angleterre?

2 Le texte d'introduction parle de l'intégration des *Maghrébins* dans le monde du travail en France. De quels pays viennent-ils? Pourquoi y en a-t-il autant en France? Pourquoi sont-ils aussi nombreux dans l'Ile-de-France et le sud-est?

3 Pensez-vous que le gouvernement français ait pris les mesures qu'il fallait pour réduire le chômage? Pourquoi?

Activités de recherche

1 Les femmes et le monde du travail. Trois lois en particulier ont marqué un tournant décisif pour les femmes, à savoir les lois Neuwirth, Veil et Roudy. Sur quoi portent ces lois? Pourquoi ces lois sont-elles importantes?

2 Le chômage dans les régions. Certaines régions françaises sont davantage touchées par le chômage que d'autres. Repérez les régions les plus défavorisées. Quelles sont les conséquences du chômage régional pour les régions les plus touchées sur la famille, sur l'économie et sur l'environnement?

3 Trois mouvements syndicaux sont cités dans le texte d'introduction: la CGT, la CFDT et FO.

(i) Rédigez un historique de l'un d'eux.
(ii) Trouvez dans la presse française un article qui porte sur les syndicats et qui met en lumière leur importance dans la vie politique actuelle. Relevez-en les points principaux.

B *Texte de compréhension*

LA COUR DE CASSATION REMET EN CAUSE L'INDIVIDUALISATION DES SALAIRES

La juridiction suprême s'appuie sur le principe du code du travail 'à travail égal, salaire égal', que la jurisprudence et, surtout, la pratique des entreprises ne suivaient plus. La Cour condamne aussi certaines pratiques concernant les heures supplémentaires

DROIT DU TRAVAIL

La chambre sociale de la Cour de cassation a rendu, le 29 octobre 1996, un arrêt sur l'égalité de rémunération entre salariés et sur le paiement des heures supplémentaires, qui risquent d'avoir d'importantes conséquences sur l'ensemble des politiques de rémunération des entreprises. ● LA COUR a confirmé une décision du conseil des prud'hommes de Toulouse en 1992. Celle-ci donnait raison à une secrétaire qui reprochait à son employeur, la société Delzongle, de la rémunérer plus faiblement que ses collègues, et sur une base mensuelle supérieure à la durée légale du travail. ● LES JUSTIFICATIONS de la société Delzongle, sur l'ancienneté des autres secrétaires et sur l'absence d'inégalité professionnelle liée au sexe, ont été rejetées. La Cour de cassation s'appuie sur les articles du Code du travail relatifs au principe '*à travail égal, salaire égal*'.

DANS UN ARRET du 29 octobre 1996, la chambre sociale de la Cour de cassation vient de rendre deux décisions – sur l'égalité de rémunération entre salariés et sur le paiement des heures supplémentaires – qui risquent d'avoir de grandes conséquences sur l'ensemble des politiques de rémunération des entreprises.

Cet arrêt concerne une affaire d'une banalité exemplaire. En 1992, une secrétaire de direction, Marie-Christine Ponsolle, attaque son employeur devant le conseil des prud'hommes de Toulouse pour un double motif: son salaire est inférieur à celui des autres secrétaires de l'entreprise, et il est calculé sur une base mensuelle de 175 heures alors que la durée légale du travail est de 169 heures.

Devant les prud'hommes, l'employeur, la société Delzongle, avait justifié les différences de salaire par l'ancienneté des autres secrétaires, et avait estimé que Mme Ponsolle ne pouvait pas invoquer le principe de l'égalité professionnelle entre hommes et femmes puisque toutes les secrétaires étaient des femmes. Sur les deux points, le conseil des prud'hommes a donné tort à la société, et dans son arrêt, publié par le quotidien *Liaisons sociales* daté du 7 novembre, la Cour de cassation confirme le jugement du tribunal des prud'hommes.

Pour la cour, l'argument de l'ancienneté n'est pas plaidable puisqu'une prime d'ancienneté, distincte du salaire de base, la prenait en compte. C'est sur l'égalité de traitement que l'arrêt de la Cour est fondamental. Celle-ci a estimé, dans ses attendus, que '*l'égalité de rémunération entre les hommes et les femmes était une application de la règle plus générale à travail égal, salaire égal, énoncée par les articles L 133-5, 4 et L 136-2, 8 du code du travail. Il s'en déduit que l'employeur est tenu d'assurer l'égalité de rémunération entre tous les salariés de l'un ou de l'autre sexe, pour autant que les salariés en cause sont placés dans une situation identique*'. '*La salariée accomplissait, avec un coefficient salarial identique et une qualification supérieure, le même travail qu'une autre salariée et percevait une rémunération moindre*', ce qui, selon la Cour, était injustifié.

Cette décision constitue un revirement de jurisprudence considérable. Jusqu'à présent, la Cour estimait que *'l'employeur est libre, dans l'exercice de son pouvoir de direction de l'entreprise, et sauf discrimination injustifiée, de décider pour chaque salarié des augmentations de rémunération qui ne lui sont pas imposées par les contrats individuels ou par la loi'*. Autrement dit, il revenait au salarié qui contestait sa rémunération de prouver qu'elle résultait d'une *'discrimination injustifiée'*, ce qui était souvent difficile. Après l'arrêt que vient de rendre la Cour de cassation, ce ne sera plus au salarié d'apporter la preuve de la discrimination mais à la direction de justifier celle-ci. Il est trop tôt pour évaluer la portée de cet arrêt, mais, à l'évidence, il ne peut que rendre beaucoup plus difficiles les politiques d'individualisation des salaires.

L'autre attendu concerne le paiement des heures supplémentaires. Pourquoi la feuille de paie des salariés Delzongle indiquait-elle 175 heures de travail effectives par mois et non 169 heures, qui est, depuis 1982, la durée mensuelle légale d'un salarié travaillant à plein temps? Parce que, en 1982, comme de très nombreuses entreprises qui ne savaient pas comment mettre en pratique le passage aux 39 heures hebdomadaires, Delzongle a signé un accord avec ses syndicats décidant que les salariés continueraient à faire 40 heures par semaine et à être payés sur la base de 175 heures, au taux normal.

Comme les prud'hommes, la Cour de cassation condamne cette pratique. *'Il ne peut être dérogé aux dispositions fixant la durée légale du travail dans un sens défavorable aux salariés'*, rappellent les magistrats. Selon eux, en l'absence de dispositifs dérogatoires explicites (repos compensateurs, horaires variables . . .), toute heure effectuée au-delà de la trente-neuvième doit être rémunérée comme une heure supplémentaire.

Dans les nombreuses entreprises qui ont agi comme Delzongle, les salariés vont donc être amenés à réclamer la majoration des heures supplémentaires effectuées, mais non payées comme telles, dans la limite de la prescription des cinq ans!

COMMENTAIRE

DURA LEX, SED LEX?

'A travail égal, salaire égal.' La Cour de cassation, à laquelle on reproche parfois son manque de clarté, vient d'émettre un arrêt parfaitement limpide. Un salarié n'a pas à être moins payé que ses collègues *'placés dans une situation identique'*. Juridiquement, l'arrêt n'est pas surprenant: il ne fait que reprendre une formule employée à deux reprises dans le code du travail. Le seul problème est que la jurisprudence tout comme, surtout, la pratique des entreprises ne suivaient plus ce principe.

Jusqu'à présent, l'employeur était *'libre (. . .) de décider pour chaque salarié des augmentations de rémunération qui ne lui sont pas imposées par les contrats individuels ou par la loi'*. Seule réserve: la *'discrimination'* ne devait pas être *'injustifiée'*, c'est-à-dire fondée sur des critères tels que le sexe, la religion, l'appartenance syndicale du salarié. Désormais, il faudra que l'employeur justifie la *'discrimination'*, ce qui est radicalement différent et va à l'encontre de toutes les pratiques d'entreprise depuis plus de deux décennies.

'Si l'on applique ce principe, 99% des entreprises ne pourront plus fonctionner. Cela signifierait qu'un employeur ne dispose plus d'aucune marge de manoeuvre pour apprécier le façon dont un salarié effectue son travail. C'est un retour en arrière considérable', estime, interrogé par *Le Monde*, Gérard Donnadieu, un des meilleurs spécialistes français des systèmes de rémunération.

Face aux salariés, à leurs représentants et aux juges, les chefs d'entreprise vont désormais être contraints d'expliquer les différences de salaire par des *'situations non identiques'* et d'expliciter celles-ci. Les contentieux risquent d'être nombreux et ne pourront que relancer le débat sur la nécessaire réforme du code du travail.

Frédéric Lemaître 'La cour de cassation remet en cause l'individualisation des salaires', *Le Monde*, 8.11.1996.

Questions sur le texte

1 Pourquoi dit-on que l'affaire de madame Ponsolle est 'd'une banalité exemplaire'?

2 La plainte qu'elle a portée était-elle justifiée?

3 La société Delzongle a donné deux raisons pour justifier la différence de salaire. Quelles sont-elles?

4 Pourquoi l'arrêt de la cour sur l'égalité des salaires est-il important?

5 En quoi l'arrêt de la Cour de cassation est-il vu comme un revirement?

6 En quoi consistait la politique d'individualisation des salaires?

7 En quoi l'accord de la société Delzongle passé avec ses syndicats constitue-t-il un manquement à la loi?

8 Qu'aurait dû faire la société pour être en accord avec la loi?

9 Quelles peuvent être les conséquences de cet arrêt de la Cour sur les entreprises qui ont agi de la même manière que la société Delzongle?

10 Pourquoi le journaliste a-t-il intitulé son commentaire 'Dura lex, sed lex' (la loi est dure, mais c'est la loi)?

Activités

1 'A travail égal, salaire égal'. Y a-t-il des circonstances où l'on ne peut pas appliquer ce principe, et si oui, lesquelles?

2 Devrait-on limiter, comme en France, la durée mensuelle légale d'un salarié à plein temps? Ou est-ce une question de négociation entre employeur et employé?

3 **Simulation**: divisez-vous en groupes de 4, chaque groupe étant subdivisé en 2 équipes de 2.

Equipe A: Vous représentez la direction d'une grande entreprise qui vient d'annoncer le licenciement de plusieurs centaines d'ouvriers dans le cadre d'une restructuration. Expliquez aux ouvriers les raisons de votre décision et défendez la position de l'entreprise.

Equipe B: Vous êtes les délégués du syndicat représentatif des ouvriers de l'entreprise menacés par le chômage technique. Vous n'acceptez pas la décision prise et vous expliquez à la direction les mesures envisagées par le syndicat au cas où l'entreprise mettrait son programme de licenciement en vigueur.

C Grammar

Personal pronouns

The personal pronoun, in common with other pronouns (possessive, demonstrative, relative, interrogative), replaces a noun or a group of nouns and is therefore often thought of as a **substitute** in French. Personal pronouns refer to persons, things or ideas.

Form

Personal pronouns vary both according to the person or thing they refer to, and according to their function in the sentence.

		subject	direct object	indirect object
singular	1st person	je	me	me
	2nd person	tu	te	te
	3rd person	il, elle, on	le, la	lui
plural	1st person	nous	nous	nous
	2nd person	vous	vous	vous
	3rd person	ils, elles	les	leur

Uses

Note the role of substitution that the personal pronoun plays in the following examples:

(i) Where the function of the personal pronoun is the **subject**:

> Le Pdg a pris sa retraite; il a été remplacé.
>
> La commande est arrivée; elle est incomplète.
>
> Le chômage a augmenté de 10% cette année; il a dépassé toutes les prévisions des experts.

(ii) Where the function of the personal pronoun is the **direct object**:

> J'ai reçu le rapport du conseil régional; je le transmets au service marketing.
>
> Nous accueillons des clients néerlandais demain; on les emmènera manger au restaurant.

(iii) Where the function of the pronoun is the **indirect object**:

> J'ai écrit au responsable du service après-vente hier et je lui téléphonerai demain.
>
> Nous avons expédié la première commande aux clients jeudi dernier; la deuxième leur sera envoyée la semaine prochaine.

Note that *lui* and *leur* can only be used for persons, not for things. *Le* can replace an idea, as in:

> Vous croyez qu'il viendra à la réunion de mardi?
>
> Oui, je le crois.

On refers to unspecified persons, which may correspond to 'one' in English, but also 'we', 'you', 'they', or even 'people':

> On vient de m'annoncer la fusion des deux entreprises.
>
> On parle souvent de l'exode rural.

Stressed pronouns

A different form of personal pronouns, known as the stressed form, is used in French to accentuate the role of the word in the sentence, thus:

> Moi, je préfère le café.
>
> Ils ne sont pas fiers, eux.

singular	1st person	moi
	2nd person	toi
	3rd person	lui, elle
plural	1st person	nous
	2nd person	vous
	3rd person	eux, elles

We use the same form of pronoun:

(i)   After a **preposition**:

> J'ai pris rendez-vous avec monsieur Dupont; c'est le premier rendez-vous que j'ai avec lui.
>
> Le consommateur est roi; c'est pour lui qu'on travaille.

(ii) After a **comparison**:

> Je parle l'anglais mieux qu'eux.

(iii) With *ne . . . que*:

> Je ne vois que toi pour ce poste.

(iv) With *même*:

> C'est monsieur Chapuis à l'appareil?—Lui-même.

The use of *y* and *en*:

En replaces things introduced by *de, du, de la, de l'* and *des*:

> Vous pouvez me passer des trombones?—Je n'en ai plus.
>
> Le stagiaire revient du salon de Lyon ce soir.—Vous êtes sûr qu'il en revient?
>
> Elle parle de cet article; c'est la troisième fois qu'elle en parle.
>
> (*But*: Elle parle du directeur; elle n'a jamais parlé de lui auparavant.)
>
> Combien d'enveloppes voulez-vous?—Il m'en faudrait une dizaine.

Y replaces things introduced by *à, dans, en, sur, sous*, but not by *de*:

> Il répond au fax; il était prévu qu'il y réponde.
>
> (*But*: Il répond au chef de département; on s'attendait à ce qu'il lui réponde.)
>
> Quand va-t-elle à Rio?—Elle y va le mois prochain.

Position in the sentence

Object pronouns come before the verb, except in affirmative commands such as *dites-le! vas-y!*:

> Je connais le Pdg; je le connais depuis longtemps.

If more than one personal pronoun occurs in the sentence, they must follow this order:

1	2	3	4	5
me te se nous vous	le la les	lui leur	y	en

Column 1 shows the position in the sentence of reflexive pronouns, i.e., those used with reflexive verbs (*se réveiller, se laver* etc.)

Examples with one or more than one pronoun:

> Tu me le donnes tout de suite. *But*: Tu le lui donnes.
>
> Faites-le maintenant. *But*: Ne le faites pas.
>
> Il y a deux concurrents en France; il y en a six en Allemagne.
>
> Le dossier Perrier, ne le mettez pas avec les autres. *But*: Je veux y jeter un coup d'oeil avant d'en parler avec le chef des ventes.

🔊 Structural exercises

A Listen to the recording and respond to the remarks, in French, using an object pronoun to replace the idea in the sentence, as in the following example:

> Le rendez-vous avec la chargée d'études, il est pris?
> (Oui ...)
> Oui, il l'est.

A vous maintenant

1 La facture pour la livraison des puces, elle est réglée?
(Non ...)

2 Le contrat d'embauche de la remplaçante de madame Martin, il est signé?
(Oui ...)

3 Les chambres à l'hôtel Penta, elles sont réservées?
(Je suis désolée, mais . . .)

4 La souris de votre ordinateur, elle est réparée?
(Oui, . . . depuis 3 jours.)

5 Ton curriculum vitae, il est enfin rédigé?
(Malheureusement . . . pas encore.)

B You will hear the first part of a dialogue. Complete the dialogue using the pronouns *y* and *en*, as in the following examples:

> Vous tenez compte de l'amortissement dans vos calculs?
> (Bien sûr que . . .)
> Bien sûr que j'en tiens compte.

> Quand envisagez-vous de répondre au fax reçu ce matin?
> (Tout de suite . . .)
> J'envisage d'y répondre tout de suite.

A vous maintenant

1 Je ne me souviens pas du rapport Nestlé. Et vous?
(Moi non plus . . .)

2 Je n'ai pas de solution au problème qui vous tracasse.
(Eux si, . . .)

3 Faut-il s'abonner aux *Echos*?
(Absolument indispensable)

4 Vous vous servez du traitement de texte?
(Pas encore)

5 Dites-moi, le nouveau, il participe au projet d'aménagement de la vieille zone?
(Non . . .)

6 La petite jeune, elle a l'intention de prendre des cours de gestion?
(Après ses six mois d'essai)

7 J'ai l'impression que vous vous intéressez de plus en plus à la programmation.
(C'est vrai . . .)

8 Avez-vous le temps d'assister à la réunion de ce soir?
(Non . . .)

C Listen to the recording and reply to the questions using an imperative (positive or negative) and an appropriate pronoun, as in the example:

> A partir de quand faut-il vous livrer la marchandise? Au milieu du mois?
> (C'est ça . . .)
> C'est ça, livrez-la-moi au milieu du mois.

A vous maintenant

1 Il faut vous envoyer la documentation sur les circuits intégrés?
(Non . . .)

2 Combien de boîtes, modèle XF 302 faut-il vous faire parvenir?
(150)

3 Je peux lui accorder le même rabais qu'aux clients de longue date?
(Bien sûr . . .)

4 Je suis désolée, mais monsieur Moreau n'est pas là. Je vous passe sa secrétaire?
(Oui . . .)

5 Je ne parviens pas à joindre Sylvie Cauchin. Dois-je laisser le message à sa collègue?
(Non, . . . surtout pas.)

D This time you will see that there is either a direct or an indirect object, or both. Answer the questions, replacing the object nouns with personal pronouns, as in the examples:

> Quand doit-elle prendre sa retraite?
> (En décembre prochain)
> Elle doit la prendre en décembre prochain.
>
> Quand faut-il envoyer les invitations aux participants?
> (D'ici 15 jours)
> Il faut les leur envoyer d'ici 15 jours.

A vous maintenant

1 Quand dois-je contacter l'assurance pour mon accident?
(Dès aujourd'hui)

2 Quand pensez-vous verser l'acompte dû au pigiste?
(A la fin du mois)

3 Quand faut-il présenter ma note de frais?
(Dès votre retour)

4 Quand termine-t-il son stage de formation?
(Dans deux semaines)

5 Quand doit-on recevoir la collection d'été? (En novembre)

6 Quand envoyez-vous votre lettre de démission au chef du personnel?
(Tout à l'heure)

7 Quand comptez-vous annoncer le chômage technique à vos employés?
(La semaine prochaine)

8 Quand faut-il déclarer le dépôt de bilan?
(Le plus tôt possible)

Written exercises

(i) Lettre de réclamation

Remplissez les blancs par un pronom personnel.

M.P. Bruneau   Champagne Dumauroux
Maison Blanchon et Fils   19, rue C. Coulon
51, rue Ganterie   51160 Ay
21200 Beaune

                                                Beaune, le 21-11-1997

Messieurs,

   . Nous accusons réception des 60 caisses de champagne brut que nous
(...) avons commandées en octobre dernier.
   Nous avons été surpris de constater en (...) ouvrant que 12
bouteilles avaient leur étiquette en mauvais état.
   C'est la première fois depuis nos relations commerciales qu'un tel
incident se produit et nous sommes sûrs que vous (...) porterez toute
votre attention.
   Nous (...) renvoyons donc les bouteilles en question et vous prions
de (...) (...) faire parvenir une douzaine pour (...) remplacer, les
frais de transport étant bien entendu à votre charge.
   En outre, nous nous sommes aperçus que, cette année, la demande
dépasse nos prévisions. C'est pourquoi, nous vous (...) commandons
dix caisses supplémentaires.
   Nous (...) serions reconnaissants de (...) (...) expédier en même
temps que les douze bouteilles à remplacer et ce, dans les plus brefs
délais.
   Dans l'attente, veuillez agréer, Messieurs, l'expression de nos
sentiments les meilleurs.

P. Bruneau
Chef du service Achat

(ii) In the following sentences, replace the words underlined with an appropriate personal pronoun or pronouns:

Les postes de cadre supérieur? Les femmes ont maintenant accès <u>à ce genre de travail</u>.
Les femmes y ont accès.

1 Les immigrés? L'Etat incite <u>ces ouvriers non qualifiés</u> à retourner dans leur pays.
L'Etat ...

2 La parole aux nouveaux pauvres? On ne donne pas <u>la voix</u> <u>à cette catégorie sociale</u>.
On ...

3 Une meilleure qualité de service à la clientèle? La direction veut assurer <u>une amélioration des prestations</u> <u>à l'ensemble des clients</u>.
La direction ...

4 La montée du chômage? Le gouvernement tente d'enrayer <u>son augmentation</u>.
Le gouvernement . . .

5 Le SMIC? L'Etat a relevé <u>le salaire minimum</u> en juillet 1996.
L'Etat . . .

6 L'assurance chômage? On cotise <u>à cette caisse</u> depuis la fin des années 50.
On . . .

7 Les femmes? Il est toujours plus difficile <u>à celles-ci</u> de faire une carrière dans
notre société.
Il . . .

8 Un nouvel emploi? Les chômeuses longue durée ont moins de chance de
retrouver <u>un autre métier</u> que les hommes.
Les chômeuses . . .

9 Le camion sur le parking de la grande surface? C'est monsieur Chaumette qui
a garé <u>son véhicule</u> <u>sur l'aire de parking du supermarché</u>.
C'est monsieur . . .

10 Les syndicats de salariés? Il n'y a pas tellement de gens qui sont affiliés <u>à ces
groupements</u> en France.
Il n'y a pas . . .

(iii) Answer the following questions, using as many personal pronouns as possible. Write
full sentences.

1 Il cherche du travail?
Oui, . . .

2 Votre entreprise pratique la flexibilité salariale?
Non, . . .

3 La société Elf Aquitaine a incité son personnel au mi-temps?
Oui, . . .

4 L'aménagement du temps de travail a favorisé le travail au noir?
Oui, . . .

5 Les chômeurs s'accommodent de leur situation?
Non, . . .

6 Le chômage dans le Var est supérieur à la moyenne nationale?
Oui, . . .

7 On compte combien de chômeurs en France? Plus de trois millions?
Oui, . . .

8 D'après vous, on prend les mesures adéquates pour résorber le chômage?
Non, . . .

9 Dernièrement l'ANPE a dû faire face à un afflux d'inscriptions?
Oui, . . .

10 On peut résoudre l'absentéisme?
Oui, . . .

D *Business language skills*

Le curriculum vitae

Si vous postulez pour un stage dans une entreprise française, la rédaction de votre curriculum vitae est une étape indispensable à la préparation de votre candidature.

Conseils pratiques

Vous devez vous 'vendre', donc bien vous connaître. Demandez-vous quels sont vos points forts, vos qualités, votre savoir-faire qui seront un 'plus' par rapport aux autres candidats; quel est votre comportement seul, en équipe, sous pression. Indiquez quelles sont vos études, à partir des 'A' levels; vos expériences professionnelles (travaux d'été, à temps partiel ou autres) qui peuvent vous servir à décrocher le stage désiré. Soyez brefs pour vos études, plus longs pour vos expériences pratiques. Mentionnez vos centres d'intérêt: lecture, cinéma, théâtre, sports (précisez, mais brièvement).

Le CV est envoyé avec une lettre manuscrite, dite d'accompagnement ou de motivation (voir chapitre ultérieur).

Les qualités essentielles

- Lecture facile.
- Précision et concision des informations fournies. Ne mettez que l'essentiel. Gardez des sujets pour l'entretien d'embauche (*See* Unit 4).
- Clarté et cohérence du contenu.
- Ne surchargez pas de mots soulignés, en majuscules, en italique ou en caractères gras.
- Soyez brefs pour les loisirs. C'est l'une des grandes différences entre un curriculum vitae français et anglais.
- Brièveté (de préférence une seule page, deux pages au maximum).

La présentation

Une présentation parfaite est indispensable car c'est là-dessus que portera le premier jugement du futur employeur. La mise en page doit donc être excellente, de même que le traitement de texte et la photocopie. (Les fautes de frappe, d'orthographe ou de grammaire sont du plus mauvais effet.)

Le contenu

En principe, **4 rubriques** séparées par une ligne devraient suffir.

1. Etat civil

- Place pour une bonne photo d'identité
- Nom
- Domicile et téléphone
- Date de naissance
- Situation de famille (célibataire, marié . . .)
- Nationalité (britannique . . .)

2. Formation (ordre chronologique de préférence; brièveté)

- Diplômes obtenus: 'A' levels, équivalents du bac. Faites figurer les options en accord avec le stage brigué.
- Diplôme en cours.
- Langues: lesquelles et à quel niveau.

3. Expériences professionnelles (ordre chronologique, ou ordre chronologique inverse)

- Les dates d'emploi.
- Nom des entreprises où vous avez travaillé.
- Brève mention des fonctions que vous y avez assumées.

4. Divers. Sous cette rubrique, vous devez inscrire tout ce qui fait ressortir votre personnalité et votre savoir-faire.

- Vos connaissances en informatique: les logiciels que vous connaissez; tel traitement de texte, tableur, etc.
- Vos connaissances dans les diverses branches commerciales (comptabilité/import-export/ finance/marketing etc.).
- Les expériences qui font montre de vos qualités: sens des responsabilités (si vous avez travaillé en tant que chef d'équipe ou de projet); goût des contacts humains (rapports avec des clients difficiles); stimulé(e) par les difficultés (précisez). Peux travailler vite, sous pression, respecte les dates limites (précisez).
- Loisirs: lecture, cinéma, théâtre. Sports (citez lesquels). Voyages à l'étranger (citez les pays où vous êtes allé(e)).
- Permis de conduire; Voiture.

5. Finalement, ajoutez une rubrique **référence** si vous étudiez dans une université anglaise. Citez la personne chargée de vous aider à trouver un stage. Donnez son numéro de téléphone, et le numéro de fax de la faculté.

La rédaction d'un CV dont l'objectif est un emploi après l'obtention du diplôme est presque semblable. Dans celui-ci, vous indiquez le/les stage(s) effectué(s) et où, et ce qu'ils vous auront apporté.

Activités

1 Imaginez que vous dirigez le service du personnel d'un lessivier. Le service administration des ventes a besoin d'un stagiaire connaissant bien l'anglais pour six mois. Analysez le CV de Clare Hariot (page 34). Allez-vous retenir ou rejeter sa candidature? Pour quelles raisons? Quelles sont les informations supplémentaires dont vous auriez besoin?

2 Rédigez un curriculum vitae en vue d'un stage de trois mois dans une entreprise française.

3 Une étudiante française répond aux questions sur le thème 'les femmes et le monde du travail en France'.

(i) Ecoutez l'interview avec Cécile Laval. Expliquez son attitude envers la femme mariée et la vie professionnelle.

(ii) Posez les mêmes questions à des étudiantes anglaises et faites des comparaisons. Remarquez-vous une différence d'attitude notable? Si oui, déterminez pour quelles raisons.

```
Clare Hariot
56 Eltham Park Gardens
London SE9 1AP
(0181) 850 81 92
Née le 7/03/1977
Célibataire
Britannique
```

FORMATION

DIPLOMES OBTENUS:

    -1996: 'A' Levels, équivalent du Bac; options
            mathématiques, informatique, français.

DIPLOME EN COURS:

1996-2000: University of Greenwich Business School
            Licence de marketing international en 4 ans, dont
            un semestre d'études effectué en France, suivi d'un
            an de stage dans une entreprise française ou belge.

LANGUES:

Anglais: langue maternelle.
Français: courant (lu, parlé et écrit).
Italien: parlé.

EXPERIENCE PROFESSIONNELLE

-1996:   Jouan Ltd; 3 mois dans le service import/export.
-1995:   Chambre de Commerce française de Londres; 2 mois.
              Constitution de dossiers pour des entreprises
              britanniques désireuses de s'implanter en France.

-1995 à
ce jour: Satellite UK; pendant l'année universitaire, un
              jour par semaine: réassort, préparation de brochures
              pour la clientèle, ventes et télémarketing.

DIVERS

- Bonnes connaissances en informatique. Traitement de texte
  (Word for Windows, Powerpoint) et tableurs (Excel).
- Sens de l'organisation grâce à mon travail à la Chambre de
  Commerce.
- Goût des contacts humains acquis chez Satellite UK.
- Voyages: France, Suisse, Belgique, Italie, Etats-Unis,
  Europe de l'Est.
- Lecture (romans, magazines); cinéma; musique.
- Sports: pratique le tennis, la natation et le ski.
- Permis de conduire; voiture.

Modèle de curriculum vitae

Unit **3**

L'ÉDUCATION ET LA FORMATION COMMERCIALE

A *Texte d'introduction*

A l'heure actuelle coexistent en France deux sortes d'enseignement supérieur: l'un dispensé dans les universités, l'autre dans les grandes écoles.

Ces dernières ont été créées avant la Révolution (l'école des Ponts et chaussées date de 1715) dans le but de suppléer à la pénurie de cadres scientifiques, techniques et militaires. Les grandes écoles de commerce sont nées au XIXe siècle à l'instigation du patronat (Sup de Co Paris remonte à 1820). Elles n'ont cessé de se multiplier depuis.

Bien que l'université ait détenu et détienne toujours le quasi-monopole de la formation professionnelle de haut niveau (médecine, pharmacie, droit dans une certaine mesure), le fossé s'est creusé jusqu'à une époque récente entre l'image qu'on avait de l'un et de l'autre secteur.

L'enseignement commercial: université ou sup de co?

Les universités

Au nombre de 90 ces établissements publics de grande taille sont placés sous la tutelle du ministère de l'Education nationale qui octroie les diplômes et les grades. La loi de 1968 leur a accordé l'autonomie, celle de 1982 les a décentralisées. Malgré tout, elles présentent une structure homogène. L'enseignement y est structuré en cycles. Le premier s'effectue en deux ans et mène au Diplôme d'Etudes Universitaires Générales (DEUG). L'obtention de ce dernier permet l'accès au deuxième cycle qui aboutit à une licence (après un an) ou bien une maîtrise (après deux ans). La maîtrise est donc une formation 'bac plus quatre', c'est-à-dire quatre années d'études supérieures après le baccalauréat. Finalement, le troisième cycle comporte les DEA (diplômes d'études approfondies), les DESS (diplômes d'études supérieures spécialisées), enfin les doctorats.

Contrairement aux universités britanniques, les universités françaises ne pratiquent pas de sélection d'étudiants (sauf pour certaines filières telles que la médecine et, la pharmacie

35

où le nombre d'étudiants est limité). L'obtention du baccalauréat suffit. Les étudiants désireux de se lancer dans une carrière de gestion peuvent donc s'inscrire à l'université, en général munis d'un bac B, et suivre une filière DEUG économie-gestion, à la suite de quoi ils peuvent se diriger par exemple vers une MSG (maîtrise de sciences de gestion).

On y privilégie le développement des connaissances et de la recherche, l'esprit d'analyse, l'académisme, l'enseignement à base de cours magistraux. On leur reproche la surcharge des amphithéâtres, un taux d'abandon ou d'échec élevé et jusqu'à tout récemment, une inadaptation aux besoins des entreprises.

Dans son désir de fournir un enseignement professionnel (autre que celui traditionnel de haut niveau déjà mentionné), le gouvernement a créé en 1966 les IUT (instituts universitaires de technologie) rattachés aux universités. Ils proposent plusieurs formations, parmi lesquelles la gestion des entreprises et des administrations (GEA) avec diverses options commerciales. Au bout de deux ans, les étudiants passent un DUT (diplôme universitaire de technologie). Leur atout est un enseignement basé sur la pratique (un stage d'environ quatre semaines par an) et effectué par des professeurs qui viennent des entreprises. Les étudiants y sont très encadrés. En effet, ils sont soumis à des contrôles réguliers et doivent suivre trente à quarante heures de cours par semaine, et l'absentéisme n'y est pas toléré. Les IUT comptaient 53 000 étudiants en 1980, 68 000 en 1990, 102 700 en 1996.

Les écoles de commerce

Contrairement aux universités, elles sont privées, elles ont une capacité d'accueil restreinte et des droits de scolarité élevés, bien que normalement ce ne soient pas des établissements à but lucratif. Elles sont de statut divers. Certaines d'entre elles sont soutenues par une CCI (chambre de commerce et d'industrie) qui leur fournit une partie substantielle de leur financement. Les années 80 ont vu une éclosion de ces établissements; à l'heure actuelle, on compte plus de 8000 écoles de commerce en France. D'où une concurrence très vive d'un établissement à l'autre. Leur forte participation à des événements publicitaires tels que les Salons de l'Etudiant et les grands concours de voile, témoigne de l'importance de l'image de l'école. Par ailleurs, leur recrutement se fait généralement sur concours, à savoir un examen qui permet un classement des candidats à l'entrée des grandes écoles où le nombre de places est limité. Pour les plus réputées (par exemple HEC, ESC Paris, ESSEC...) plusieurs centaines de candidats peuvent se présenter pour une seule place. La plupart des programmes sont de deuxième cycle. Les candidats à ces écoles peuvent donc suivre un DEUG, un DUT ou une formation spéciale préparatoire appelée 'prépa HEC'. Une fois intégrés, les étudiants ont en principe trois années à faire dans l'école.

Elles ont pour point commun une formation commerciale intensive, la maîtrise d'au moins une langue étrangère (en principe l'anglais), un enseignement professionnel, les stages en entreprise. On leur fait grief de leur élitisme, de leur petite taille, du mode de sélection à l'entrée, de leur décalage par rapport aux besoins réels des entreprises, de la cherté de leurs étudiants une fois sur le marché du travail, de ne correspondre ni aux normes européennes ni aux normes américaines.

Les changements face à la concurrence internationale

Devant un recrutement qui se fait à l'échelle européenne, les pouvoirs publics ont mis en doute l'adaptation de la formation en grande école à la globalisation de l'économie qui remet en cause les systèmes existants. Ils ont favorisé le développement de la concurrence entre le secteur universitaire et le secteur grande école. Ont donc été créées en 1991 d'autres filières professionnalisées: les IUP (Instituts universitaires professionnalisés), dans le cadre des universités 2000. Ils couvrent cinq domaines, dont un de commerce et gestion financière. Tout comme dans les écoles de commerce, on y pratique l'alternance intégrée, à savoir un cursus théorique suivi d'un travail en entreprise, et le personnel enseignant est constitué en partie de professionnels.

Ce professionnalisme des formations universitaires actuelles fait que les entreprises ne regardent plus l'excellence de la formation comme l'apanage des grandes écoles. Ce constat se vérifie dans les chiffres. L'augmentation du nombre d'étudiants inscrits en gestion (80 000 en 1995 par rapport à 10 000 les années précédentes) et de diplômés dans cette matière (30 000 contre 10 000) a lieu pour une large part à l'université.

Les grandes écoles ont senti souffler le vent de l'internationalisation, ont compris le bien-fondé de s'adapter aux nouvelles donnes et de repenser un système de formation fondé sur l'élitisme. Tout comme les universités, elles ont établi des accords hors frontières pour faciliter la mobilité des étudiants et des enseignants au sein de l'Union Européenne grâce à des programmes du type Socrates.

Dans un contexte économique morose, l'attachement traditionnel des Français aux grandes écoles semble s'éroder. On peut se demander si elles tiendront le choc devant une volonté d'harmonisation des études européennes et devant l'attitude des étrangers qui trouvent la dualité du système d'éducation supérieure français bizarre.

Par ailleurs le système éducatif devra être adapté à la fois aux besoins des entreprises et aux enjeux du XXIe siècle. Il faudra intensifier l'utilisation du multimédia dans un monde caractérisé par la rapidité et la multiplication de l'information et par un renouvellement incessant de produits.

Références

Minot, Jacques *Histoire des universités françaises*, collection 'Que sais-je?' no. 2600, PUF, (1991).
Mermet, Gérard *Francoscopie*, Larousse, (1995).

Magliulo, Bruno *Les grandes écoles*, Collection 'Que sais-je?' no. 1993, PUF, (1982).
Lamoure, Jean *Palmarès des écoles de commerce et de gestion*, Le Monde-Editions, (1995).
Le Monde de l'éducation no. 232, (décembre 1995).
Tableaux de l'économie française 1996–1997, INSEE, (1996).
'Ce que vaut votre université', *L'Express*, (23/5/1996).

Avez-vous compris?

Vrai ou faux? Cochez la bonne réponse.

	Vrai	Faux
1 On étudie la médecine et la pharmacie dans les grandes écoles.		
2 Les étudiants entrent à l'université française sur concours.		
3 Les IUT sont en plein essor, témoin, la croissance du nombre d'étudiants.		
4 Pour l'Etat, les grandes écoles répondent aux besoins de l'économie.		
5 Les IUT pratiquent des stages longue durée.		
6 Il faut une formation spéciale avant d'intégrer HEC.		
7 Dans les IUT, l'enseignement est dispensé par des professionnels.		
8 Les étudiants des universités sont trop nombreux pour les locaux.		
9 Selon les chefs d'entreprises, les grandes écoles ont l'apanage de la meilleure formation.		
10 Les étrangers sont étonnés du double système d'éducation supérieure en France.		

Points de réflexion

1 Pour vous, quelle est l'importance de l'image de l'école ou de l'université?

2 Devrait-on créer en Angleterre à l'image de la France, des écoles de commerce financées en partie par les entreprises? Pourquoi?

3 Quel intérêt une école de commerce peut-elle trouver à participer à un concours de voile? Quels avantages les étudiants peuvent-ils en tirer?

Activités de recherche

1 En vous appuyant sur des recherches faites auprès des étudiants français, déterminez le rôle des organisations d'étudiants suivantes:

Dans les écoles de commerce: le BDE (Bureau des Elèves)
l'Association des Etudiants
l'AIESEC

Dans les universités: les différents syndicats d'étudiants.

2 Trouvez une brochure d'une école de commerce française. Quelles sont les filières ou options proposées? Quelles sont les activités proposées en dehors des cours? Selon la brochure, quels sont les atouts d'une formation dans cette école? Quelles entreprises sont associées à l'école? Quelles sont les possibilités de carrière offertes par l'école?

3 Expliquez la signification de *la formation en alternance* à laquelle sont soumis les étudiants des IUT. Quels sont les avantages et les inconvénents d'un tel système?

4 La formation continue joue un rôle important en France. Voyez son évolution au cours des dernières années et ses conséquences pour les entreprises.

B *Texte de compréhension*

UN SYSTEME OPAQUE

Recherche et profession libérale: tel est l'avenir idéal pour la moitié des étudiants. Malheureusement, le tiers à peine reconnaît avoir des chances d'y parvenir et en majorité ils savent qu'ils travailleront plus probablement dans l'enseignement, en entreprise ou dans l'administration. Ce décalage entre ce que valorise l'université et ce qui attend les étudiants, entre les rêves et la réalité n'est pas entièrement négatif, les études supérieures devant d'abord être une stimulation et une ouverture intellectuelle. Mais il recèle pour les étudiants un danger évident: celui d'acquérir une qualification qui ne sera pas 'vendable' sur le marché du travail et d'aborder la vie professionnelle avec un handicap.

Cette appréhension, présente à tous les niveaux d'études, est d'autant plus forte que les étudiants séparent de moins en moins l'intérêt pour la discipline et la réussite professionnelle, l'idéal pour eux étant de réussir sur les deux tableaux.

Les causes principales du malaise étudiant sont de trois ordres: matériel, organisationnel, et pédagogique. Les raisons matérielles sont évidentes: manque de locaux, mauvaises conditions de travail, travaux dirigés surpeuplés, insuffisance des bibliothèques et des installations techniques, mauvaises conditions de logement ou trajets excessifs entre le domicile et le campus, nécessité pour un étudiant sur cinq de travailler pour payer ses études ... Tout cela est connu et explique largement la mauvaise humeur des intéressés.

Si ces considérations matérielles sont jugées capitales, elles ne sont jamais citées seules, ni même souvent les premières. Le malaise le plus grave tient à la désorganisation d'un système dont on ne sait ni la logique ni le fonctionnement. En majorité, les étudiants disent ne pas être informés de l'organisation et des débouchés des études. Pour un tiers, ils ont choisi leur orientation à la dernière minute, au moment de s'inscrire. La moitié a eu des difficultés plus ou moins graves d'adaptation. Plus de la moitié d'entre eux n'ont pas été avertis des difficultés qu'ils risquaient de rencontrer en raison de l'insuffisance de leur niveau ou de leur formation antérieure. Cette impréparation remonte au lycée, comme le montre le sondage auprès des élèves de terminale. Un tiers d'entre eux avouent appréhender l'entrée à l'Université et plus de la moitié ont le sentiment de ne pas savoir ce qui les attend.

Méconnaissance du système et de ses règles de fonctionnement, mais surtout manque de préparation intellectuelle: la rupture dans les méthodes de travail entre le lycée et l'Université est violemment mise en accusation. Les trois quarts des lycéens pensent que le lycée ne les a pas bien préparés à affronter les cours de l'Université. Ils n'ont pas tort: les deux tiers des étudiants sont de cet avis.

Ce sentiment de sauter dans l'inconnu, de pénétrer dans un univers opaque et sans règles claires est profondément générateur d'angoisse. Et celle-ci se reporte inévitablement sur les seuls interlocuteurs disponibles: les enseignants. Autant ceux-ci sont respectés pour leur compétence scientifique, autant ils sont critiqués pour leur pratique pédagogique; manque de contacts, de suivi individuel, absence de préparation méthodologique. Ces étudiants qui devraient apprendre l'autonomie estiment que leur principale difficulté d'adaptation vient du travail personnel qui leur est demandé. Comme ils y sont mal préparés, ils ne le maîtrisent pas. C'est pourquoi, ils accueillent avec enthousiasme la suggestion d'enseignants 'tuteurs', qui les guideraient, les initieraient aux arcanes de la vie universitaire et leur apprendraient à travailler. C'est pourquoi également ils sont très favorables à l'idée d'un trimestre d'orientation qui leur permettrait de prendre la mesure de leur nouvel univers et de tester leurs choix.

Plus encore que les mauvaises conditions matérielles, ce sont les défauts d'administration, de structuration du milieu et d'encadrement pédagogique qui sont sensibles aux étudiants. De ce point de vue, le mouvement des personnels administratif (les ATOS) à la rentrée 1989, en insistant sur le sous-encadrement administratif des universités, a mis en lumière l'une de leurs faiblesses majeures.

Frédéric Gaussen (20 juin 1990) *Le Monde Dossiers et Documents* no. 192 octobre 1991.

---

profession libérale profession allowing for independent practice and usually requiring a high level of training, such as law, medicine or architecture

décalage gap, mismatch

recéler to conceal

travaux dirigés ('T.D.') class where students work independently or in groups under the supervision of a teacher; similar to a tutorial in a British university

débouchés (career) opportunities

terminale final year of secondary school

arcanes mysteries

Questions sur le texte

1 Pourquoi l'auteur pense-t-il que le décalage entre les espoirs des étudiants et la réalité du marché n'est pas entièrement négatif?

2 Quelle est la conséquence de la peur des étudiants de ne pas avoir de qualification 'vendable'?

3 Quelles sont les lacunes matérielles dans les universités?

4 Quelles sont les difficultés que rencontrent les étudiants à l'entrée à l'université?

5 De quelle manière les étudiants mettent-ils en cause les universités?

6 Pourquoi les étudiants sont-ils angoissés en entrant à l'université?

7 Selon les étudiants, quelles sont les compétences et les faiblesses des enseignants?

8 Pourquoi le travail personnel représente-t-il une tâche difficile?

9 Quelle solution est-elle proposée pour pallier à ce problème, et qu'en pensent les étudiants?

10 Quelle est l'utilité d'un trimestre d'orientation?

Activités

1 Quels sont les avantages et les inconvénients d'un enseignement donné surtout par des cadres qui travaillent conjointement en entreprise, plutôt que par des professeurs à plein temps?

2 Le rôle de l'enseignement supérieur est-il de donner une formation professionnelle?

3 Quelle est l'importance de la participation à la vie associative de l'école où est inscrit l'étudiant?

Thèmes de discussion

1 Que pensez-vous d'un trimestre d'orientation où vous pourriez essayer les cours des différentes facultés de votre université?

2 A la différence des universités britanniques, les universités françaises ne pratiquent pas la sélection des étudiants. Quels sont les avantages et les inconvénients de ce système?

3 A votre avis, devrait-il y avoir une coopération plus étroite entre les entreprises et les universités? Comment envisageriez-vous une telle coopération?

4 Un stage en entreprise d'un an apporte plus à l'étudiant que deux stages de six mois dans deux entreprises différentes. Discutez.

C *Grammar*

Relative pronouns

Relative pronouns are used to link two clauses or ideas. They introduce a relative clause, i.e. one which relates to a previous idea or clause, known as the antecedent.

> L'entreprise où je travaille depuis dix ans, est en pleine restructuration.
>
> L'entreprise = antecedent
> Où = relative pronoun
> Où je travaille depuis dix ans = relative clause

Qui, que, quoi, dont, où, lequel: meaning, function and main uses

(i) *Qui*:
- means 'who', 'which', 'that';
- is the subject of the clause which follows;
- refers to either a person or a thing.

> La personne qui parle au directeur vient d'être recrutée.
> (The subject of 'parle' is *qui* = *la personne*.)
>
> Soyez gentil de me passer la circulaire qui se trouve à votre droite.

(ii) *Que*:
- means 'whom', 'which', 'that';
- is the direct object of the clause which follows;
- refers to either a person or a thing;
- becomes *qu'* before a vowel.

> L'article que vous m'avez montré sur l'OPA de Nestlé lancé sur Perrier est fort intéressant. (The object of 'avez montré' is *que* = *l'article*.)
>
> Le stagiaire que nous avons accepté travaillera d'abord dans le service marketing.

(iii) *Qui, lequel, quoi*, after a preposition.
- *Qui* or *lequel* can be used if the antecedent is a person.
- *Lequel* agrees with the antecedent and will become *laquelle, lesquel(le)s*.
- *Lequel* will combine with *à* or *de* to become *auquel, auxquel(le)s; duquel, desquel(le)s*.

> Le collègue avec qui/lequel je partage mon bureau est en déplacement.
>
> Je dois renouveler l'abonnement auquel je me suis inscrite.

- *Lequel* must be used if the antecedent is a thing or an animal.

> L'entreprise pour laquelle je fais des traductions techniques va être rachetée.

- *Quoi* refers to an indefinite antecedent or to a whole clause.

> Je sais bien à quoi vous pensez.
>
> La situation économique est catastrophique. Il n'y a pas là de quoi se réjouir.

(iv) *Dont*:
- means 'of whom', 'of which', 'whose';
- must be placed immediately before the subject of the clause which follows and after the noun it relates to;
- refers to either a person or a thing;
- can introduce a noun phrase:

> P. Kotler est un auteur très célèbre dont tous les étudiants connaissent les livres. (= Tous les étudiants connaissent les livres de P. Kotler.)

- can introduce a verbal phrase:

> La signature du contrat dont je vous ai parlé l'autre jour est dans la poche. (= Je vous ai parlé de la signature du contrat.)

- can introduce an adjectival phrase:

> Je viens d'acheter un ordinateur dont je suis fort mécontent. (= Je suis fort mécontent de l'ordinateur.)

- cannot be used after prepositional phrases such as *à côté de, près de, à cause de, au-dessus de* etc. Use *de qui* instead when it relates to a person:

> Le conférencier à côté de qui j'étais placée était très sûr de lui.

> Use *duquel* when it relates to a thing:

> Sur mon bureau, il y a un fichier près duquel se trouve mon calepin.

(v) *Ce qui, ce que, ce dont*.
- *Ce* acts as an antecedent and may represent a whole clause.
- *Ce* = 'the thing which'.
- The function is the same as for *qui, que* or *dont*.

Je ne comprends pas ce qui se passe.

Je ne vois pas ce que vous voulez dire.

Il a pris la mouche et a tenu tête au directeur, ce qui ne lui était jamais arrivé auparavant.

Tout ce que nous pouvons faire pour obtenir gain de cause, c'est protester contre les nouvelles mesures.

Le projet de diversification de l'entreprise, c'est ce dont je voulais vous parler.

(vi) *Où*:

- means 'where', 'to where', 'in which', 'at which';
- is used with expressions of time or place.

    Voilà le bureau où je travaille.

    Ça s'est passé le jour où il a donné sa démission.

    Je vois très bien où vous voulez en venir.

Relative pronouns

Function	Where the antecedent is a person	Where the antecedent is a thing or an animal	Where the antecedent is indefinite (ce, quelque chose, rien)
Subject	qui	qui	qui
Direct object	que	que	que
After <u>à</u>	à qui auquel (à laquelle . . .)	auquel (à laquelle . . .)	à quoi
After <u>de</u>	dont	dont	dont
After prepositions other than <u>de</u> (avec, par, sur . . .)	avec qui avec lequel (laquelle . . .)	avec lequel (laquelle . . .)	avec quoi
After prepositional phrases with <u>de</u> (loin de, à cause de . . .)	à cause de qui à cause duquel (de laquelle . . .)	à cause duquel (de laquelle . . .)	à cause de quoi
In expressions of time or place		où	

▶ Structural exercises

A Listen to the recording. Ask the speaker to explain again by using the relative pronouns 'qui?' and 'quoi?' as in the example:

> Cette invitation est pour Christine Berri.
> Elle est pour qui cette invitation?

A vous maintenant

1 Ces documents sont précieux. Ils appartiennent à monsieur Perkourian.
2 Ce logiciel sert à faire une analyse plus pointue sur la finance.
3 Cette proposition est originale. Elle est de madame Courtier.
4 Les transports en commun manquent de subventions.
5 Les entreprises se sont plaintes auprès des établissements de formation.
6 Les écoles de commerce multiplient les accords avec des établissements internationaux.
7 L'article du magazine parlait de l'ex-directeur d'HEC.
8 A l'université, on parle souvent de la surcharge des amphithéâtres.
9 Le DEUG mène à des études de deuxième cycle.
10 Dans les écoles de commerce, les étudiants font partie d'associations diverses.

B Link the two sentences that you hear in the same way as the example:

> Elle a suivi un stage de conversion. Ce stage est très cher.
> Elle a suivi un stage de conversion qui est très cher.

A vous maintenant

1 Nous avons emménagé dans de nouveaux locaux. Ils sont spacieux.
2 Refaites-moi cette lettre. Elle est bourrée de fautes.
3 J'ai un chef de produits allemand. Il est très exigeant.
4 Je ne parviens pas à me servir de ce tableur. Il est trop compliqué.
5 Il a acheté une nouvelle voiture. Elle consomme très peu.

C Transform the following sentences according to the examples:

> Mon père est président d'une firme qui exporte des produits laitiers.
> La firme dont mon père est président exporte des produits laitiers.
> J'ai besoin du livre qui donne des renseignements sur les préparations HEC.
> Le livre dont j'ai besoin donne des renseignements sur les préparations HEC.

A vous maintenant

1 Mon ancien camarade de promotion est propriétaire d'une société de service spécialisée dans le nucléaire.
2 Il a envie de la Clio qui est pratique pour circuler en ville.
3 Il m'a parlé de l'expo Séville qui a déjà fait couler beaucoup d'encre.
4 L'inauguration d'Eurodisneyland qui a eu lieu en avril 1992 a attiré moins de monde que prévu.

5 Le VRP de Hachette est le mari de la voisine qui nous a demandé de changer les plombs.

6 Le ministre de l'Education nationale est responsable du remodelage universitaire qui a provoqué une manifestation étudiante le 18 février 1992.

7 Monsieur Varon est le nouveau chef de marketing de la filiale qui se trouve dans le sud-est de l'Angleterre.

8 Corinne est mécontente d'une formation qui est éloignée des besoins du marché.

D Transform the following sentences according to the example:

Le chef du service exports a suivi une formation européenne.
La formation que le chef du service exports a suivie est européenne.

1 En ce moment, Bernard fait un stage rémunérateur.

2 Le voisin a retrouvé un emploi malheureusement stressant.

3 Le gouvernement lance des filières professionnalisées à l'université.

4 Les grandes écoles ont constitué des réseaux internationaux.

5 La conception de ce logiciel a nécessité un nombre d'heures de travail considérable.

Written exercises

A Fill in the gaps with a relative pronoun from the list below:

```
ce dont   ce que   ce qui   dont   en qui
où   par où   que   qui   sanslequel   qui
```

1 Il faut éviter les formations (. . .) n'offrent pas de débouchés.

2 L'école de commerce (. . .) elle suit les cours a signé une convention avec un grand de la distribution.

3 Voilà l'Institut Universitaire Professionel (. . .) je l'ai envoyé faire ses études supérieures.

4 Le nouveau directeur est un homme (. . .) elle a toute confiance.

5 Le décalage entre (. . .) les étudiants apprennent et (. . .) les attend sur le marché du travail est encore trop grand.

6 Les jeunes cherchent à acquérir des qualifications (. . .) mènent à une embauche immédiate.

7 Finalement, la carrière (. . .) vous avez suivie ne vous a permis aucune promotion.

8 La formation continue, c'est (. . .) on a besoin à travers l'Europe.

9 Le partage du travail accompagné d'une réduction de salaire, c'est (. . .) nous devons passer pour absorber le chômage.

10 J'ai fait un stage de recyclage en informatique (. . .) je n'aurais pas pu rester dans la société.

B Fill in the gaps with *qui* or *que*:

1 La dualité de l'enseignement supérieur (universités – grandes écoles) ... est spécifique à la France risque de ne pas survivre à la concurrence internationale.

2 Le stage ... j'ai effectué a duré six mois.

3 Je vous propose de discuter affaires au restaurant ... se trouve à deux pas d'ici.

4 Je vous conseille la bouillabaisse ... est un véritable délice ici.

5 L'ordinateur ... vous avez commandé n'est pas encore arrivé.

6 C'est la formation commerciale ... mon frère a suivie ... lui a permis d'être tout de suite opérationnel.

C Fill in the gaps with *ce qui* or *ce que*:

1 Je ne sais pas ... il faut faire.

2 Je ne comprends pas ... vous expliquez.

3 Avec ces restructurations, personne ne sait ... va se passer.

4 Ce sont les actes qui comptent et non pas ... vous pensez.

5 ... est arrivé à la filiale était prévisible.

6 Vous savez ... m'a mise en rage? C'est que j'ai été prévenue au dernier moment.

D Fill in the gaps in the following sentences with the required relative pronoun and preposition, if any:

1 L'école de commerce ... il est inscrit est prestigieuse.

2 Le livre de marketing ... on lui a parlé est tout récent.

3 Elle n'a pas donné la raison ... elle s'est inscrite à l'université.

4 Le professeur ... j'ai demandé de diriger ma thèse a la réputation d'être sévère.

5 Le rapport ... j'ai un besoin urgent ne m'est toujours pas parvenu.

6 La conférence ... j'ai assisté n'avait guère de rapport avec ce qui m'intéresse.

D *Business language skills*

La lettre d'accompagnement ou de motivation

La lettre de motivation accompagne votre curriculum vitae et elle indique vos motivations pour le poste souhaité. Elle peut être envoyée en réponse à une annonce qui a retenu votre attention ou spontanément à une entreprise dont les activités vous intéressent.

La présentation et la mise en page

La lettre doit être **manuscrite**, sans fautes d'orthographe, rédigée avec soin, lisiblement, en respectant les marges, sur une feuille blanche (ni quadrillée, ni lignée), de format A4. Sa rédaction doit comporter l'adresse, l'appel, environ trois paragraphes bien classés (quatre à la rigueur), la formule de politesse, la signature. Voir page 49, modèles de lettre pour l'emplacement des adresses de l'expéditeur et du destinataire, pour la date, pour la référence, pour la formule d'appel etc.

Le contenu

Soyez bref: une page suffit; et de toute façon, n'écrivez pas au verso. La lettre vous présente; elle doit donc être personnalisée. Evitez les platitudes, les formules passe-partout. Employez des phrases courtes, des termes simples, précis, directs.

Ciblez-vous. Mettez en évidence vos qualités, vos compétences, vos points forts, votre savoir-faire en rapport avec le poste souhaité, tout en ne faisant pas un double de votre cv. Montrez ce que vous pouvez apporter à la société. Bref, mettez l'accent sur vos réalisations. Déterminez ce que vous voulez faire et exprimez vos goûts pour le secteur d'activité de votre choix. Indiquez ce que la société peut vous apporter. Surtout, soyez positif.

En réponse à une annonce d'emploi, vos trois paragraphes devraient suivre le développement suivant:

- Le premier: Vous y exposez les raisons pour lesquelles vous avez répondu à l'annonce et vous montrez l'intérêt que vous portez au poste décrit, à l'entreprise elle-même. Pour les offres de stage, il est rare que le nom de l'entreprise soit mentionné. Vous indiquez alors vos aspirations selon le poste dont on a fait un bref descriptif.
- Le deuxième: Vous parlez de vous. Vous soulignez les points importants de votre cv en faisant ressortir les qualités qui font de vous un bon candidat pour le poste. Vous indiquez quand vous êtes disponible.
- Le troisième: Vous concluez sur une proposition de rendez-vous pour un entretien que vous espérez obtenir.

La formule de politesse (*voir* Unit 5 pp. 80–81 La correspondance commerciale). Choisissez une formule normale, déférente, mais pas pompeuse, bien que vous soyez demandeur d'emploi. Elle reprend le Monsieur, Madame, etc, qui figure dans l'appel.

S'il s'agit d'**une candidature spontanée**, ne faites pas un mailing au plus grand nombre d'entreprises choisies au hasard; écrivez plutôt un petit nombre de lettres envoyées à des entreprises sélectionnées avec soin (dans un annuaire professionnel ou avec l'aide du responsable des stages si vous êtes étudiant), d'après vos études, vos expériences professionnelles ou stages passés, vos envies.

Après avoir opéré un tri, vous allez effectuer des recherches sur les produits, les activités, la taille des entreprises visées et essayer de connaître le nom du Pdg, ceux des chefs des services marketing, recrutement, etc.

Le format de la présentation, le contenu de la lettre obéissent aux mêmes principes que précédemment: motivation, clarté, précision, bonne argumentation, poste désiré, orientation vers un rendez-vous possible. En tout cas: qu'il s'agisse d'une réponse à une annonce ou d'une candidature spontanée, votre lettre doit être *originale*, c'est-à-dire adaptée à l'annonce, à l'entreprise à laquelle elle est adressée. En d'autres termes, il n'est pas question d'écrire une lettre manuscrite passe-partout et photocopiée. A chaque entreprise doit correspondre une lettre différente, ne serait-ce que légèrement.

Quelques formules utiles à la rédaction d'une lettre de motivation

Notez cependant que ce ne sont pas des formules passe-partout.

Le poste proposé a attiré toute mon attention car il offre la possibilité d'évolution dans la carrière que j'envisage.

La perspective de collaborer à une société dont l'activité principale est l'étude de marché m'intéresse tout particulièrement.

Je cherche un stage susceptible de développer mon sens des responsabilités car j'envisage une carrière de cadre supérieur.

Travailler au sein d'une équipe de marketing correspond à mes aspirations.

Je pense correspondre au profil que vous recherchez dans le cadre d'une action marketing avec l'anglais et une deuxième langue étrangère.

xxx

Je vous envoie ci-joint mon curriculum vitae qui vous donnera de plus amples détails sur mes études et mes expériences professionnelles.

Mon curriculum vitae ci-joint vous permettra de mieux juger mes aptitudes.

Dans l'espoir que mon curriculum vitae retiendra votre attention, je suis à votre entière disposition pour vous rencontrer à une date qui vous conviendra.

xxx

Ma formation m'a permis d'acquérir de bonnes connaissances en marketing que j'ai pu mettre en pratique grâce à un premier stage en entreprise.

Je pense pouvoir remplir les conditions requises dans votre annonce grâce à ma formation poussée en langues étrangères en plus des bases solides que j'ai acquises en commerce.

Ma formation de base dans une école de commerce anglaise complétée par plusieurs mois d'études en France m'a permis d'enrichir mes connaissances interculturelles.

Grâce à ma formation diversifiée et de nombreux voyages à l'étranger, je pense être en mesure de m'adapter facilement à vos activités de coordination commerciale dans plusieurs pays européens.

xxx

Mes voyages à l'étranger lors de mes expériences professionnelles précédentes m'ont permis d'épanouir ma personnalité et de mettre en pratique mes connaissances en langues étrangères.

Mes contacts avec des clients difficiles m'ont permis de développer mes capacités d'adaptation.

J'ai acquis une bonne expérience sur le terrain.

Les tâches que j'ai assumées au sein d'un service particulièrement dynamique m'ont apporté un enrichissement personnel et une volonté d'aller de l'avant.

xxx

Dans l'attente d'un entretien avec vous, je vous prie de croire, Messieurs, à l'assurance de ma haute considération.

Dans l'espoir de vous rencontrer, je vous prie de croire, Madame, à l'expression de mes sentiments les meilleurs.

Je serais heureuse de vous parler de mon projet à l'occasion d'un entretien. Dans cette attente, veuillez agréer, Monsieur, l'expression de mes meilleures salutations.

Modèles de lettres de candidature

Ce sont seulement des points de référence destinés à vous guider. Ils ne représentent en aucun cas le modèle par excellence.

Société Europlat Consultants
29 Av. Guy de Maupassant
78400 Chatou
France

Mlle Clare Hariot
56 Eltham Park Gardens
London SE9 1AP
Angleterre

Chatou, le 18 février 1997

Réf: 14 303

Mademoiselle,

Nous avons bien reçu votre courrier concernant votre candidature à la proposition de stage en marketing parue dans Le Monde du 5 février 1997.
Afin d'étudier votre profil plus attentivement, nous souhaiterions vous rencontrer pour une entrevue.
Pour cela, il faudrait que vous preniez rendez-vous avec mon assistante dès que possible au 01 46 47 34 62.
Dans l'attente de vous voir, nous vous prions d'agréer, Mademoiselle, l'expression de nos sincères salutations.

Bernard Canchat
Ressources Humaines
Service des Stages

Réponse positive à une lettre de candidature

GAF France S.A.
91 Bd Malesherbes
75008 Paris
France

Melle Clare Hariot
56 Eltham Gardens
London SE9 1AP
Angleterre

Paris, le 2 février 1997

Réf: 1630 AMB. Cm

Objet: stage marketing/commerce

Mademoiselle,

Faisant suite à votre courrier de janvier dernier, et après avoir étudié votre proposition, nous vous remercions de l'intérêt que vous portez à notre société et à nos activités.
Toutefois, la nature de celles-ci ne nous permet pas d'intégrer un stagiaire dans nos équipes et nous ne sommes donc pas en mesure de donner une suite favorable à votre demande.
Nous vous prions d'agréer, Mademoiselle, l'expression de nos salutations les meilleures.

A-M Bergerette
Chef du Service Recrutement
et Développement

Réponse négative à une lettre de candidature spontanée

Mlle Clare Hariot
56 Eltham Park Gardens
London SE9 1AP
England

STAG'ETUD
47 Av. Paul-Vaillant
Couturier
92257 Gentilly Cedex

Londres, le 7 février 1997

Réf: 14 303

Messieurs,

Suite à l'annonce de stage parue dans Le Monde du 5 février 1997, je vous envoie ci-joint mon curriculum vitae qui vous permettra de mieux cerner mon profil.
Grâce à ma formation, j'ai acquis des bases solides en marketing. J'ai pu les mettre en pratique, entre autres, lors du travail à temps partiel que j'effectue en ce moment. En outre, ma connaissance de l'anglais (ma langue maternelle) et ma maîtrise du français peuvent vous être particulièrement utiles.
Travailler au sein d'une équipe de marketing dans le but de réaliser des opérations promotionnelles me semble une évolution tout à fait intéressante.
Je suis disponible à partir de début mars 1997 et je me mets à votre entière disposition pour un entretien au cas où ma candidature aurait retenu votre attention.
Dans l'attente, je vous prie de croire, Messieurs, à l'expression de mes salutations distinguées.

Réponse à une annonce

Mlle Clare Hariot
56 Eltham Park Gardens
London SE9 1AP
England

M. A-M. Bergerette
GAF France S.A.
91 Bd Malesherbes
75008 Paris

Londres, le 12 janvier 1997

Monsieur,

Après une formation équivalente d'un DUT, je poursuis actuellement des études en marketing international qui comportent, outre les connaissances commerciales requises, une excellente maîtrise du français. Mes premières expériences professionnelles m'ont permis de me familiariser avec le secteur des ventes, marketing et/ou l'exportation.
À la recherche d'un stage longue durée (au moins six mois) qui fait partie intégrante de mes études, je souhaiterais valoriser ces expériences en aidant à mettre au point, par exemple, une méthode de réflexion de marketing pour exporter en Angleterre.
Je vous envoie ci-joint mon curriculum vitae et souhaiterais pouvoir vous rencontrer. Je suis disponible à partir d'avril 1997.
Dans cette attente, je vous prie de croire, Monsieur, à l'expression de mes sincères salutations.

Candidature spontanée

Activités

Rédigez votre curriculum vitae avec une lettre de motivation en réponse aux annonces d'emplois en gestion/comptabilité/marketing/vente/communication que vous aurez pu relever dans la presse française.

Entretien avec Sophie Baussard, une étudiante française

D'après ce que vous venez d'entendre, tâchez de déterminer les traits caractéristiques des formations supérieures en France et en Angleterre.

Etes-vous d'accord avec les remarques que vous avez entendues sur l'éducation supérieure britannique?

S'il y a des étudiants français dans votre établissement, posez-leur les mêmes questions et comparez les réponses.

Unit 4

L'ENVIRONNEMENT

A *Texte d'introduction*

Consommation débridée, suivie d'un cri d'alarme sur l'épuisement des ressources naturelles; trou dans la couche d'ozone; pollution de l'air et de l'eau; pluies acides et déforestation; montagnes de déchets; catastrophes écologiques dues aux accidents nucléaires, pétroliers ou chimiques. Ces phénomènes ont concouru à remuer l'opinion publique qui les a ressentis comme une menace pour son bien-être et celui des générations futures. De marginal et relégué à la presse spécialisée, l'environnement a passé au centre des problèmes.

La prise de conscience écologique du monde moderne remonte aux lendemains d'Hiroshima. Mais il a fallu attendre la fin des années 60 pour voir apparaître un mouvement écologique français. Activé par les *soixante-huitards*, il s'est peu à peu étoffé pour culminer vers la fin des années 80 grâce à l'influence de groupes de pression comme Greenpeace. Depuis lors, l'écologie s'inscrit à l'ordre du jour des préoccupations gouvernementales, sociales, industrielles.

Le rôle du gouvernement français

Bien que le gouvernement ait chapeauté la gestion scientifique des écosystèmes dès le 19ème siècle, qu'il ait agréé divers mouvements associatifs (on en comptait 1250 en 1988) et leur ait accordé un soutien financier, il n'en demeure pas moins qu'il a agi surtout sous la pression des événements et que la France a une dépense en environnement nettement moindre que l'Allemagne ou la Scandinavie. Ces dépenses ont représenté 118 milliards de francs en 1994, soit 1,6% du PIB. Sous la poussée des 'écolos', un ministre de l'environnement a été institué et ses propositions prennent de plus en plus de poids. Depuis 1976, il existe une législation sur les 'installations classées pour la protection de l'environnement', et depuis 1977, une autre sur les produits chimiques.

Le Sommet de la Terre tenu à Rio de Janeiro en 1992 a mis en lumière la nécessité d'agir en la matière. La France, comme les autres participants, s'est engagée à sauver la terre et a précisé ses priorités: harmoniser les taxes européennes sur les carburants; rendre plus sévères les normes d'émission des véhicules; diminuer la circulation dans les centre-villes; relancer les investissements dans les transports en commun; introduire une *écotaxe* pour réduire et faciliter le débarras des ordures ménagères.

L'ADEME (l'Agence De l'Environnement pour la Maîtrise de l'Energie), quant à elle, a prévu une taxe sur la mise en décharge des déchets.

La pollution atmosphérique revient entre 0,36% et 0,40% du PIB dans les pays développés. Il était donc devenu urgent d'introduire une législation visant à la contrôler. En 1993, J. Chirac a signé une convention destinée à promouvoir la voiture électrique, non polluante, comme mode de transport urbain individuel. Jean Tiberi, son successeur à la mairie de Paris, à la suite d'un accord avec EDF, a favorisé le développement du nombre de bornes d'alimentation dans la capitale. Pour le nettoyage de la chaussée, il a acquis 130 voitures électriques, soit 1/10e du parc municipal. A. Juppé, dans son projet de loi sur l'air, a stipulé que le diester ou l'éthanol devront être obligatoirement incorporés au carburant d'ici l'an 2000. En outre, il existe un plan national avec un budget de 155 milliards de francs prévu également à cette date pour la R & D dans le domaine de l'environnement.

Le rôle de l'Europe

L'environnement étant un problème international, il reçoit aussi l'attention toute particulière de la Commission européenne. Celle-ci a imposé, entre autres, des limites sur les émissions de gaz toxiques et la décharge dans les rivières et les mers de façon à ce qu'il y ait un niveau de pureté d'air et d'eau acceptable. Le gouvernement de chaque pays membre de l'Union doit veiller à les faire respecter sous peine d'amende, mais peut décider des moyens à employer pour y parvenir. Les mêmes mesures sont souvent prises à travers l'Europe, surtout celles qui touchent des industries mondiales comme l'automobile. C'est ainsi qu'a été introduite l'essence sans plomb et que le pot catalytique doit se généraliser.

Le décret européen sur le recyclage des emballages entré en vigueur le 1er janvier 1993, oblige les producteurs et importateurs de produits commercialisés dans des emballages à procéder à leur élimination. Là encore, toute latitude est laissée aux différents pays sur la façon d'y parvenir. Eco-emballages en France et DSD en Allemagne ont choisi un même logo: une flèche verte. Ces entreprises organisent la collecte, le tri, le recyclage et l'élimination des emballages de leurs adhérents.

D'autres protocoles et accords ont été passés à la suite de conférences mondiales. Le *principe du pollueur payeur* (PPP) a été instauré par les pays de l'OCDE dès 1972, de façon à rendre les industries responsables de la qualité de l'environnement. Les chlorofluorocarbones (CFCs), interdits dans les aérosols aux Etats-Unis depuis 1978, seront bannis en Europe à la fin du millénaire.

Le consommateur, un moyen de pression sur les entreprises?

L'attitude du consommateur a changé. Mieux informé que ses aînés grâce au matraquage médiatique et scientifique, il peut davantage mesurer les conséquences de la dégradation du milieu ambiant. Conscient du bétonnage accru du sol, de la congestion urbaine, de l'épuisement possible des ressources naturelles, il éprouve un ras-le-bol. Celui-ci se manifeste par un rejet de la consommation effrénée, caractéristique des années antérieures, un désir d'évasion, de retour à la nature, et surtout par le besoin de léguer aux générations futures une planète qui ne se transforme pas en peau de chagrin. S'il a le choix, il achètera 'vert'.

La réaction des entreprises

Prises en tampon entre une législation de plus en plus contraignante et les exigences des consommateurs qui se tournent désormais vers les produits 'amis de la terre', les entreprises doivent désormais tenir compte des conséquences de leurs activités sur l'environnement, qu'il s'agisse du produit lui-même, de son emballage ou de sa fabrication. L'écologie a d'abord été perçue comme une contrainte supplémentaire par les entreprises à cause de l'importance des investissements et de la nécessité de vendre à des prix compétitifs. Elle a été ensuite ressentie comme une opportunité, voire un atout stratégique. Les grandes entreprises ont donc mis peu à peu en place un responsable environnement. Certaines prévoient dans le processus de fabrication d'un produit ses effets sur l'environnement du berceau jusqu'à la tombe. C'est la philosophie du constructeur automobile allemand Daimler-Benz, qui vante les qualités écologiques de ses voitures haut de gamme, dont les matériaux de construction sont à 85% recyclables.

L'époque des gammes de produits verts a commencé en 1990 avec le lancement de plusieurs produits de grande consommation étiquetés écologiques. Ces écoproduits étaient souvent les concurrents de grandes marques: la petite société belge Ecover, spécialiste en lessives et savons à base de produits peu nocifs, a vu sa part de marché passer de 3% à 10%, grâce à son image 'verte'. Les grandes marques européennes ont suivi: témoin les lessives sans phosphate 'Le Chat' de Henkel et 'Persil' d'Unilever.

Avoir une étiquette de pollueur a un effet négatif sur l'image du fabricant et peut coûter cher. La découverte de benzène dans l'eau Perrier a provoqué le retrait de 165 millions de bouteilles des rayons et une méfiance du client qui s'est tourné vers d'autres marques. Le rattraper n'a pas été chose facile.

Le consommateur est désormais confronté à une avalanche de produits verts. Monoprix en commercialise une soixantaine, Carrefour a son 'programme nature', Prisunic son 'Pacte vert' et Cora sa gamme 'Génération verte'. Mais ces produits sont-ils véritablement 'verts' et bons pour l'environnement? Ne doit-on pas voir là une vaste opération marketing avec, au bout, un marché lucratif?

On a donc institué des normes de fabrication destinées à garantir le caractère écologique d'un produit. 'NF Environnement' en France a été créé après l'éco-label 'Ange bleu' des Allemands. Cela rassure l'acheteur sur l'aspect non-polluant d'un produit tout en représentant un atout de vente pour les fournisseurs.

L'avenir

Les entreprises ne peuvent plus ignorer les risques encourus à cause de la dégradation du milieu ambiant. Devant le déferlement écologique, elles ont progressivement intégré les contraintes environnementales dans leur stratégie. La voie s'est ouverte à ceux qui ont inventé des procédés nouveaux, mis en oeuvre des services d'épuration ou des systèmes de récupération de matériaux qui, auparavant, allaient au rebut. Une industrie de la dépollution est née et peut prendre son essor.

Références

Robins, Nick *L'impératif écologique*. Traduit de l'anglais par Paul Chemla, Calmann-Levy, (1992).
Simonnet, Dominique *L'écologisme*, Collection 'Que sais-je?', PUF, (1991).
Alphondery, Pierre; Bitoun, Pierre et Dupont, Yves *L'équivoque écologique*, La Découverte, (1991).
Tableaux de l'économie française 1996–1997, INSEE.
L'état de l'environnement dans le monde, sous la direction de Beaud, Michel et Galliope et de Bouguerra, Larbi, La Découverte, (1993).
L'état de la France 95–96, collection 'L'état du monde', La Découverte.

Avez-vous compris?

Vrai ou faux? Cochez la bonne réponse.

	Vrai	Faux
1 La prise de conscience écologique est toute récente en France.		
2 Le ministre de l'environnement est une marionnette.		
3 La relance des transports en commun est à l'ordre du jour.		
4 On contrôle la pureté de l'air grâce à une loi.		
5 Le gouvernement hésite à promouvoir la voiture électrique.		
6 La Commission impose à tous les membres de l'Union un même procédé de recyclage des emballages.		
7 Le consommateur pèse un poids non négligeable sur les décisions des entreprises en matière d'emballage.		
8 Les entreprises ne tiennent pas toujours compte des contraintes écologiques à cause de leur coût.		
9 Le marché est envahi par les produits verts.		
10 Les considérations écologiques sont à l'origine de nouvelles industries.		

Points de réflexion

1 Qui, selon vous, doit être responsable de la protection de l'environnement? Les entreprises? Le consommateur? La commune? L'Etat? Pourquoi?

2 Information ou législation – Quel moyen préconisez-vous pour protéger l'environnement?

3 'Hier le BCBG[1], aujourd'hui l'écolo. Demain il y aura une autre grande mode dans la consommation. Les entreprises n'ont pas à développer des technologies vertes, mais plutôt créer des images pour répondre à un besoin immédiat. Le mouvement écologiste appartiendra bientôt au passé.' Qu'en pensez-vous?

Activités de recherche

 1 Ecoutez l'entrevue avec Cécile Laval. Regroupez ses idées sur l'environnement sous deux rubriques: (i) l'attitude du consommateur français; et (ii) la politique des entreprises françaises à l'égard de l'environnement. Interrogez un groupe de camarades étudiants. Comparez leurs réponses avec ce que vous avez entendu sur la bande.

 2 Trouvez les fabricants de produits verts les plus connus dans les secteurs suivants:

- les produits laitiers;
- les produits de lessive;
- les produits de beauté;
- l'habillement.

Citez une ou deux marques dans chaque secteur et déterminez leur marché cible.

3 Choisissez une entreprise ou un produit qui doit sa réussite à la prise de conscience écologique. L'entreprise peut-elle continuer à jouer la carte 'verte'?

B *Texte de compréhension*

LA VOITURE ELECTRIQUE MET LE TURBO A PARIS

Près de quarante bornes d'alimentation supplémentaires seront mises en place d'ici à la fin de l'année. Un club réservé aux utilisateurs sera ouvert au début de l'année prochaine, rue de la Tour-des-Dames (IXe).

Profitant de la déferlante écologique, les élus parisiens veulent accélérer le passage à l'heure de la voiture sans essence. Hier, à la veille de l'ouverture du Mondial de l'automobile qui se tient à la Porte de Versailles, le maire de Paris, Jean Tiberi, et le président d'Electricité de France, Edmond Alphandéry, ont signé un nouveau protocole de partenariat portant sur le développement de la voiture électrique. Silencieux, souple, et non polluant, ce mode de déplacement apparaît comme une excellente solution aux besoins de transports de proximité dans les grandes agglomérations.

Le remède s'adapte donc parfaitement à une ville comme Paris, où l'on estime qu'un conducteur effectue chaque jour un trajet moyen de sept kilomètres.

Dès octobre 1993, le maire, Jacques Chirac, avait compris l'importance de cet enjeu écologique en signant une première convention pour promouvoir la *'voiture à taux de pollution zéro'*. Après quelques mois d'études et de tâtonnements, les premières bornes d'alimentation avaient fleuri sur le pavé parisien.

Gratuité du stationnement
En métal gris et vert, hautes de deux mètres, elles étaient installées dans quelques points tests de la capitale. A un rythme d'une quarantaine par an, les bornes se sont discrètement

[1] BCBG: Bon chic, bon genre; equivalent to English 'Yuppie'.

multipliées pour s'intégrer peu à peu dans le paysage urbain.

Au début de l'année, pas moins de quatre-vingt-huit postes de recharge électrique étaient installés sur l'ensemble des arrondissements.

En signant un nouveau protocole avec EDF, la mairie de Paris a décidé de passer à la vitesse supérieure. A la fin du quatrième trimestre de l'année, 40 prises suplémentaires, réparties sur vingt sites, seront mises en service sur les trottoirs et dans les parcs de stationnement souterrain de l'agglomération. Les utilisateurs de la 'voiture propre' devraient donc bénéficier, dès janvier, de 128 bornes d'alimentation déployées sur trente sites. *'Lorsque la municipalité parisienne a décidé de faire de la capitale une ville pilote en matière de promotion et d'utilisation de la voiture électrique, le scepticisme était de rigueur'*, a rappelé hier Jean Tiberi. *'Dans les cinq années à venir, nous allons intensifier notre action en faveur de ce mode de transport non polluant.'*

Au printemps dernier, au moment où la loi sur l'air était discutée au Palais-Bourbon, le maire de Paris avait obtenu que l'on exonère de la vignette les véhicules électriques. Il a en outre offert la gratuité, dans la limite de deux heures pour le stationnement rotatif et dans la limite de vingt-quatre heures pour le stationnement résidentiel, à ces voitures.

Et, pour donner l'exemple, la ville de Paris a récemment acquis 130 voitures électriques, ce qui représente près de 10% du parc municipal. Renault Express, Citroën AX ou encore Peugeot 106: ces véhicules de faible cylindrée sont notamment affectés au nettoiement des chaussées et à l'entretien des cimetières. *'Si l'on ajoute notre flotte à celle de l'EDF, nous utilisons plus des deux tiers des modèles électriques qui circulent dans Paris'*, a indiqué Jean Tiberi. Mais le pari du 'tout électrique' est encore loin d'être gagné. Sur les cinq cents voitures électriques qui circulent dans les rues de la capitale, très peu appartiennent à des particuliers.

Afin d'inciter les automobilistes à opter pour cette 'solution d'avenir', un club du véhicule électrique de Paris ouvrira ses portes, dès janvier. Implanté rue de la Tour-des-Dames (IXᵉ), ce lieu *'d'échanges et de rencontres'* sera au coeur d'une série d'actions de promotion de l'électrique. La balle est de maintenant dans le camp des constructeurs automobiles qui assimilent encore trop l'engin électrique à un gadget publicitaire.

Christophe CORNEVIN

'La voiture électrique met le turbo à Paris' by Christophe Cornevin, 3.10.1996
Copyright *Le Figaro* 9732391 par Christophe Cornevin.

---

déferlante (f) surge in popular opinion
l'enjeu (m) **écologique** the environment (as a political issue)
borne (f) **d'alimentation** recharging point
tâtonnement (m) tentative research
passer à la vitesse supérieure (ironic here) to change into top gear
de rigueur obligatory, usual. Here: *Le septicisme était de rigueur* everyone was sceptical
vignette (f) car tax disc

Questions sur le texte

A Trouvez des expressions différentes pour les phrases suivantes:

1 Mais le pari du 'tout électrique' est encore loin d'être gagné.
2 La balle est maintenant dans le camp des constructeurs automobiles.

B

1 Quels sont les atouts de la voiture électrique?
2 A quel type d'utilisateur est-elle destinée?
3 Où sont situées les bornes d'alimentation?
4 Quelle est la signification du protocole de parténariat entre l'EDF et la mairie de Paris?
5 Quelle a été la réaction générale à Paris lors de l'introduction de la voiture électrique?
6 Quels types de véhicules sont les premières voitures acquises par la mairie de Paris?

7 Quelle méthode de promotion a été employée pour lancer la voiture électrique?

8 Selon l'article, quelle est l'attitude des constructeurs automobiles?

Activités

 1 (En groupe de deux ou trois étudiants.) Achetez-vous écolo? Comparez les articles que vous avez achetés récemment (produits d'alimentation, d'entretien, vêtements, etc) avec ceux de vos camarades de classe. Lesquels sont de véritables produits verts?

 2 (Discussion en classe ou en groupe.) Les entreprises qui se mettent à 'reverdir' leur production le font par intérêt économique, non pas par conviction écologique. Qu'en pensez-vous?

3 Votre faculté ou école veut présenter une image plus écologique à son public. Vous faites partie d'un comité de conseil sur l'image verte de l'établissement, au sein duquel vous aurez deux tâches à accomplir: faire des recommandations sur les achats et les déchets; et réfléchir au moyen d'inclure ce message écologique dans les activités de relations publiques.

(i) Dressez une liste des mesures que l'école ou faculté devrait entreprendre. Indiquez les priorités, et n'oubliez pas les conséquences financières de vos recommandations.

(ii) Examinez les différentes manières de communiquer les activités de l'école pour protéger l'environnement (brochures ou dépliants publicitaires, expositions, etc; *voir* Unit 9).

 4 Réunion débat: l'imposition de la bouteille consignée. Un comité européen propose d'imposer la bouteille consignée à tous les pays membres de l'UE. Afin de connaître la réaction de tous les publics concernés par une telle législation, le ministre de l'environnement français réunit des associations interprofessionnelles et des mouvements de consommateurs lors d'un débat table ronde.

La classe se divise en 3 groupes pour débattre la proposition.

Groupe A: Vous représentez les fabricants de boissons (surtout les grandes entreprises). Vous êtes contre la proposition, qui représenterait pour vous une augmentation des frais de conditionnement, de stockage et de transport et qui se traduirait par une majoration des prix de vente au consommateur final.

Groupe B: Vous représentez les Amis de la Terre. Vous êtes pour la proposition. Elle est pour vous la seule possibilité de réduire le tonnage énorme d'emballages jetés qui menacent l'aménagement de l'espace vert du pays.

Groupe C: Vous représentez l'association des consommateurs. Vous n'avez pas encore pris de position sur la proposition. Tout en exigeant un effort plus important de la part des entreprises pour protéger l'environnement, vous n'accepterez jamais une augmentation générale sensible des prix aux consommateurs. Vous voulez étendre le débat aux emballages recyclables qui devraient, selon vous, être systématiquement offerts aux consommateurs.

5 Les problèmes de l'environnement provoquent de plus en plus de manifestations – pour empêcher la construction d'une autoroute ou d'une piste d'atterrissage par exemple. Dans quelles circonstances peut-on justifier 'l'action directe'? jusqu'à quel point seriez-vous prêts à manifester pour protéger l'environnement?

C *Grammar*

Adverbs

Adverbs modify a verb, another adverb or an adjective. Unlike adjectives, they are invariable: their spelling does not change.

Formation of adverbs which derive from an adjective

Adverbs ending in *-ment* are formed by:

(i)   adding *-ment* to the **feminine** form of the adjective they derive from:

   fort → forte→ fortement
   facile → facile → facilement
   heureux → heureuse → heureusement
   attentif → attentive → attentivement

(ii)   adding *-ment* to the **masculine** form of adjectives ending with *i*, *é*, or *u*:

   poli → poliment
   carré → carrément
   résolu → résolument

N.B. For some adjectives ending in *-u*, a circumflex is added to the *u* of the adverbial form.

   assidu → assidûment

(iii) adding an acute accent on the mute *-e* of some adjectives before *-ment*:

   énorme → énormément
   précis → précisément

(iv)   changing *-ent* to *-emment*, *-ant* in *-amment* for adjectives ending in *-ent* or *-ant* in their masculine singular form:

   évident → évidemment
   fréquent → fréquemment
   brillant → brillamment
   courant → couramment

N.B. Exceptions:

   lent → lentement
   présent → présentement

Irregular adverbs

(i)   Some adverbs in *-ment* have an irregular stem:

   bref → brève → brièvement
   gentil → gentille → gentiment

(ii) Other adverbs differ totally from the adjective they derive from.

> bon → bien
> mauvais → mal
> meilleur → mieux
> petit → peu

(iii) Some adjectives can be used to modify a verb, thus functioning as an adverb and being invariable.

> bas/haut/fort → Il parle bas/haut/fort.
> clair → Je ne vois pas clair.
> dur → Elle travaille dur.
> cher → Les énergies de substitution coûtent cher.

Adverbs which do not derive from an adjective

Many adverbs do not derive from an adjective. They may express a time, a quantity, a place or another abstract idea. Examples are: *hier, aujourd'hui, demain, autrefois, avant, après, tard, bientôt, souvent, déjà, encore, jamais, assez, trop, beaucoup, peu.*

N.B. The adverbs of quantity *assez, trop, peu, beaucoup* are followed by *de* when used before a noun, e.g. Il y a trop de monde.

Position of adverbs in the sentence

1 In **simple tenses**: adverbs are usually placed **after** the verb, e.g. Il écrit facilement.

2 In **compound tenses**:

(i) Short adverbs and some adverbs of manner are placed **after** *avoir/être* and **before** the past participle.

> Il est déjà arrivé.
> Elle n'est pas encore partie.

(ii) Some adverbs of time (*hier, aujourd'hui, autrefois*, etc.) and adverbs ending in *-ment* (which are usually long) are placed **after** the past participle.

Les verts ont protesté hier contre le projet de construire une nouvelle autoroute.
Le gouvernement français n'a pas cédé facilement aux pressions anti-nucléaires.

N.B. Many adverbs of time may be placed at the beginning of the sentence. The same applies to adverbs ending in *-ment*. The emphasis is then on the adverb.

> Hier, j'ai acheté du papier à lettre recyclé.
> Désormais, je ferai le tri des ordures ménagères.

Heureusement, malheureusement, may also start or end a sentence.

> Heureusement, le surgénérateur Superphénix a été arrêté pendant deux ans.
> Le pot catalytique n'est pas encore généralisé, malheureusement.

Adverbs ending in *-ment* may be placed between *avoir/être* and the past participle.

> La situation s'est nettement améliorée.

🔊 Structural exercises

A You disagree with the statements made by the speaker. Reply as in the example.

> Il est difficile de sensibiliser les employés aux problèmes de l'environnement.
> Au contraire, on les sensibilise facilement.

A vous maintenant

1 Il est rare de trouver des entreprises qui tiennent compte de la pollution.

2 On voit peu de gens porter des journaux lus pour les recycler.

3 Il est peu courant de rencontrer des clients qui achètent des produits biologiques.

4 Il est fréquent de voir des voitures équipées d'un pot catalytique.

5 Il est facile d'accoutumer le public à se comporter en amis de la planète.

B Confirm the remarks you hear in the same way as the example.

> Tu es certain qu'il va rater son examen?
> Ah oui, il va certainement le rater.

A vous maintenant

1 C'est sûr que le ministre de l'environnement va démissionner?

2 C'est vrai que les Anglais ont une attitude bizarre vis-à-vis des transports publics?

3 C'est définitif, n'est-ce pas? Il existe des lois communautaires pour la protection de l'environnement.

4 Jacques était résolu à vouloir défendre la politique anti-gaspillage?

5 Il est énorme, n'est-ce pas, le terrain qu'on détruit dans la forêt tropicale?

Written exercises

A Both *avec* + noun and adverbs can be used to describe the same situation: 'Elle a répondu <u>avec amabilité</u>' and 'Elle a répondu <u>aimablement</u>' have the same meaning but differ in style.

Replace *avec* + noun in the following sentences with the corresponding adverbs.

1 Elle a parlé <u>avec mollesse</u> et son discours est resté sans effet.

2 Il a agi <u>avec rapidité</u> grâce à quoi il a évité la catastrophe.

3 Faire des expériences pour des produits cosmétiques sur des animaux de laboratoire, c'est se comporter <u>avec cruauté</u>.

4 Mon collègue s'est lancé <u>avec hardiesse</u> dans une nouvelle affaire.

5 Il m'a annoncé la nouvelle <u>avec brutalité</u>. Je ne m'en suis pas encore remise.

6 Elle prend tellement à coeur les problèmes écologiques qu'elle ne peut s'empêcher d'en parler <u>avec véhémence</u>.

7 Il parle toujours <u>avec rudesse</u> à ses employés. Ce n'est pas ainsi qu'il les incitera à travailler mieux.

8 Il s'exprime <u>avec intelligence</u>. C'est un plaisir de l'entendre.

9 Le nouveau est rarement satisfait. De surcroît, j'ai remarqué qu'il manifeste toujours <u>avec bruit</u> son mécontentement du moment.

10 L'Hexagone réglemente <u>avec sévérité</u> l'importation des déchets.

B We often use adverbs to qualify or alter the tone of things we say. Qualify the statements and questions below, using the adverbs in brackets.

1 Il a plu sur la moitié nord de la France.
(Hier; abondamment)

2 Des sociétés comme Body Shop, Benetton, ont-elles des préoccupations écologiques?
(Véritablement)

3 Les produits 'verts' sont-ils bons pour l'environnement?
(Réellement)

4 Je ne suis pas si sûre que nos voisins portent leurs bouteilles à recycler.
(Régulièrement)

5 Il ne se lance jamais dans une affaire, aussi prometteuse qu'elle paraisse.
(Aveuglément)

6 Alors, vous avez compris les tenants et les aboutissants?
(Bien)

7 Il faut tenir compte des conséquences possibles des produits sur l'environnement.
(Désormais; absolument)

8 Cette histoire d'eau du Rhin contaminée par des produits chimiques est scandaleuse.
(Carrément)

9 Sans les subventions accordées aux transports routiers, les marchandises seraient envoyées par voie ferrée. Si on comprenait que cela a des conséquences néfastes!
(Seulement; écologiquement)

10 On ne peut pas continuer à polluer l'atmosphère de la planète.
(Impunément)

11 Il y a quelques années, l'eau de la Tamise était contaminée. Depuis, elle a été assainie.
(Hautement)

12 Faire le tri des déchets ménagers est une habitude qui ne s'acquiert pas.
(Facilement)

13 Les mouvements écologiques n'ont pris que la place qui leur est dévolue. Mais il reste encore de chemin à parcourir.
(Lentement; beaucoup)

14 L'attention des médias s'est portée sur le sommet de Rio pendant un mois. On n'en a plus entendu parler.
(Trop; soudain)

15 Il faut agir si nous voulons laisser à nos enfants une planète propre.
(Vite)

16 Comprenant que ses arguments ne portaient pas, elle s'est arrêtée.
(Net)

17 Pierre? Il travaille pour Greenpeace.
(Toujours)

18 Elle est partie pour une conférence organisée par les Amis de la Terre.
(Avant-hier)

19 Les écologistes français ont-ils un programme viable?
(Politiquement)

20 Taxer l'eau et l'air pourrait être accepté des contribuables.
(Difficilement)

C Mettez les adverbes suivants à la place des numéros à l'intérieur des parenthèses.
Certains adverbes sont employés deux fois.

> *aujourd'hui – cher – concrètement – constamment –*
> *curieusement – désormais – dorénavant – évidemment –*
> *facilement – forcément – généralement – hier –*
> *largement – malheureusement – nettement – plutôt –*
> *profondément – progressivement – rapidement –*
> *rarement – récemment – respectivement –*
> *seulement – souvent – toujours – tout particulièrement –*
> *traditionnellement – trop – vraiment*

Depuis quelque temps, on ne parle que produits verts, agriculture biologique, dépollution,
fabrication propre. Si le panier bio est (1) meilleur pour la santé que celui de l'alimentation
ordinaire, (2), il est aussi plus onéreux. De plus, le public ne semble pas distinguer (3)
l'alimentation biologique de la nourriture allégée, du fait qu'on les vend (4) dans les mêmes
boutiques. (5) on trouve plus facilement des fruits et légumes que de la viande. En fait on
a répertorié (6) trois bouchers bio à Paris. Ce genre d'alimentation est (7) en grande
surface. Elle commence à y apparaître, ainsi, chez Monoprix. Mais on la voit plus (8) dans
des chaînes spécialisées comme la Vie Claire, Dame Nature. En outre, bien que la nourriture
biologique coûte (9), (10) elle n'est pas (11) synonyme de qualité, mais (12) d'aliment sain.

Quant aux produits verts, on les trouve (13) dans les grandes surfaces. Produits ménagers,
aérosols amis de la nature, papier recyclé, couches pour bébé se disputent le label vert. (14),
là encore, ils coûtent (15). Le public doit donc modifier (16) ses habitudes d'achat et ne
pas (17) regarder au prix, s'il le peut, pour avoir (18) une attitude 'propre' s'il veut que
le monde de demain soit vivable.

Par ailleurs, les rapports entre l'industrie et l'économie sont (19) difficiles. Les industriels
sont soumis (20) à la pression des pouvoirs publics et des consommateurs. Mais ils veulent
produire au moindre coût pour conserver un avantage compétitif. Pris entre le marteau et
l'enclume, nombreux sont ceux qui ont compris que les problèmes de l'environnement
étaient (21) incontournables. Les chimistes (22) se sont équipés en conséquence. Et la
situation des rejets et des stockages de déchets non surveillés s'est (23) améliorée. (24),
l'écologie fait (25) partie de la stratégie des grandes industries chimiques et pétrolières qui
ont (26) mis en place des programmes de sensibilisation du personnel. Ainsi l'environnement
qui passait (27) pour un obstacle au développement et était tenu pour marginal, est passé
(28) au centre des préoccupations. On remplace (29) des processus de fabrication (30)
polluants par des substituts non polluants. Toutefois, en période de crise économique, leur
bonne volonté avouée risque de trouver (31) ses limites. Et ils ne se plient pas (32) de bonne
grâce aux directives européennes. Ainsi, le projet de taxe sur les énergies polluantes qui a
été (33) adopté par la commission de Bruxelles, a été accueilli avec hostilité.

Malgré tout, il reste qu'on remarque une montée en puissance des préoccupations environnementales dans les entreprises. Celles-ci dépassent (34) le cadre des contraintes de la législation.

D Ecrivez des phrases en utilisant les adverbes dérivés des adjectifs suivants:

> *absolu – assidu – clair – complet – conforme –*
> *confus – doux – énorme – facile – fréquent –*
> *lent – obscur – patient – premier – profond –*
> *public – récent – uniforme – utile – vrai.*

D *Business language skills*

L'entrevue d'embauche

Votre curriculum vitae et votre lettre de motivation ont attiré l'attention de votre employeur potentiel. Votre nom a été sélectionné parmi la liste des candidats. C'est donc un bon point de votre côté, mais la partie n'est pas encore gagnée pour autant. Le plus dur reste à faire: le face à face avec plusieurs interlocuteurs qui vont interroger, cerner votre personnalité, étudier votre comportement, vos réactions et voir si vous correspondez au profil recherché pour le poste.

L'entretien est en effet le moment décisif de la procédure d'embauche. Comme pour tout ce qui touche à la vie professionnelle, il se prépare à l'avance. Rien ne doit être laissé au hasard!

Avant l'entretien

- Documentez-vous sur la société, ses produits et le secteur d'activités concerné;
- Préparez un dossier avec tous les documents vous concernant: diplômes, certificats attestant que vous avez effectué des stages;
- Connaissez bien votre curriculum vitae, ayez la mémoire des dates et sachez expliquer les différentes étapes de votre éducation et carrière;
- Prévoyez une liste de questions à poser sur le poste à pourvoir;
- Renseignez-vous sur l'emplacement de l'entreprise et les moyens de s'y rendre.

Faites votre bilan personnel

1 Quelle est votre formation?

2 Quelles étaient vos fonctions et vos responsabilités passées?

3 Quelle était la nature de votre travail – créatif, administratif, relationnel? Avez-vous eu l'occasion de diriger un groupe de travail?

4 Quel est votre style de travail: êtes-vous plus à l'aise au sein d'une équipe, ou préférez-vous travailler seul?

5 Pouvez-vous travailler sous pression et terminer une tâche à temps?

6 Comment avez-vous résolu les conflits dans votre travail?

7 Comment jugez-vous vos compétences actuelles et lesquelles peuvent vous permettre de réussir dans ce nouveau poste?

8 Quel est votre plan de carrière à court et à long terme?

9 Pourquoi avez-vous choisi ce poste?

10 Quelles sont vos prétentions?

N'oubliez pas que le vouvoiement est <u>de rigueur</u>; vous devez <u>négocier</u> la rémunération; vous devez <u>persuader</u> vos interlocuteurs que vous êtes le meilleur candidat pour le poste: dites-leur donc ce que vous pouvez apporter à l'entreprise. <u>Sachez écouter</u> vos interlocuteurs pour fournir des réponses qui tiennent compte de leur remarque. <u>N'hésitez pas</u> aux questions de personnalité – sachez qui vous êtes et répondez franchement. <u>Soyez positif</u>: ne critiquez pas vos employeurs passés, ou même vos professeurs!

Activités

 1 Lisez les annonces ci-dessous et faites le point sur les qualités requises pour les postes proposés.

 2 **Simulation: l'entrevue d'embauche.** La classe se divise en groupes de 3–5 étudiants. L'un du groupe est nommé en tant que candidat; les autres jouent le rôle du panel de recruteurs. Utilisez les annonces ci-dessous (ou autres annonces d'emploi que vous trouverez dans la presse francophone) pour choisir un employeur et un poste vacant. Simulez une entrevue de 15–20 minutes.

Le candidat: mettez à la disposition de l'employeur votre curriculum vitae (en français – *voir* Unit 2) et éventuellement une lettre de motivation (*voir* Unit 3).

Les recruteurs: vous choisissez chacun(e) un rôle dans l'entreprise – directeur de personnel, chef de ventes, responsable marketing etc. Mettez-vous d'accord sur l'organisation de l'entrevue et les questions à poser au candidat.

(*Note au professeur*: l'enregistrement vidéo de cette simulation s'avère très utile, pour l'évaluation comme pour la motivation des étudiants.)

3 Vous faites nouvellement partie du service ressources humaines d'une grande entreprise. On vous demande de rédiger une annonce d'emploi. Elle devra l'être selon les critères suivants:

● L'entreprise qui annonce, sa taille, ses produits, son CA à l'exportation.
● Le profil de la personne recherchée pour le poste:

      – la formation;
      – les qualités;
      – le travail en équipe;
      – l'âge;
      – le sexe;
      – l'expérience préalable;
      – les connaissances en langue(s) étrangère(s);
      – la mobilité géographique;
      – les prétentions;
      – la possibilité d'avancement.

Société de services informatiques
recherche

Chef de ventes

sous la responsabilité du Directeur Commercial et en liaison avec la Direction Technique vous serez chargé de l'encadrement de la force de vente et la gestion administrative des ventes.

Pour le poste basé à Toulouse pour lequel des déplacements sont à prévoir, vous devez justifier d'une expérience réussie dans un poste semblable.

Maîtrise de l'anglais indispensable.

Merci d'adresser CV, photo, lettre de motivation, prétentions en précisant la référence 4300 sur l'enveloppe, à Média-Map, 39 rue Léo Lagrange, 31000 Toulouse, qui transmettra.

Annonce d'emploi (a)

CREATION ET VENTE
EN RHONE-ALPES

auprès du PDG d'un fabricant connu de vêtements haut de gamme, de sport et de montagne.

Responsable Commercial

Venez mettre sur pied notre plan de marketing en restant concret, encadrer notre force de vente et visiter nos gros clients. Vous avez 3–4 ans d'expérience comme chef de produit grand public.

Sup de co ou équivalent; bonne connaissance de l'anglais pour développer le marché exportation.

Rémunération en fonction des résultats et des expériences passées.

Pour recevoir des informations complémentaires, merci d'adresser votre candidature sous référence 5803 EX à P. MEDAN, 19 rue Servient, 69003 Lyon.

Annonce d'emploi (b)

Unit 5

LES ENTREPRISES ET L'EUROPE

A *Texte d'introduction*

Il y a une vingtaine d'années, on parlait de l'importance des marchés européens 'd'exporta-tion'. Aujourd'hui, on ne parle plus d'exporter en Europe, celle-ci étant devenue un marché intérieur. Aucune entreprise ne peut se permettre d'ignorer l'existence du marché unique européen, ni les possibilités que représentent ses 380 millions de consommateurs, ni les menaces posées par la concurrence des autres pays membres de l'Union.

La naissance d'une puissance économique

L'Union Européenne, alors appelée Communauté Economique Européenne est née des ruines de la deuxième guerre mondiale et du partage du continent en deux blocs Est–Ouest. L'idée d'une Europe construite pierre par pierre s'est peu à peu concrétisée à l'instigation de deux hommes: Jean Monnet et Robert Schuman. Idées porteuses: créer un bloc économique face aux Etats-Unis et au Japon; assurer la paix en Europe. La clé de la réussite économique et politique devait être la création d'une zone de libre-échange des biens en Europe ainsi qu'une prise de décision commune. C'est pourquoi le Traité de Rome, qui a consacré officiellement la naissance de la Communauté Economique Européenne, comportait dans ses 248 articles deux grandes orientations: 1. La libre circulation des personnes, des produits et des services; et 2. L'élaboration de politiques communes dans les domaines agricole, régional, commercial à l'égard des pays tiers, social, juridique et des transports. Il a été signé par six pays: L'Allemagne de l'Ouest, la Belgique, la France, l'Italie, le Luxembourg et les Pays-Bas.

La première phase: les années 60 ont vu la mise en place de l'abolition progressive des droits de douane, des échanges commerciaux internes; l'instauration de la politique agricole commune et le fonctionnement des institutions prévues par le traité.

La deuxième phase: de 1970 jusqu'à l'Acte Unique Européen (1986), est une étape marquée par les difficultés dues à la crise internationale par suite des chocs pétroliers et à l'entrée sur les marchés mondiaux des produits compétitifs des nouveaux pays industrialisés qui ont remis en cause des industries traditionnelles comme le textile ou la sidérurgie.

Toutefois, le bilan n'est pas entièrement négatif. En effet, la Communauté a accueilli six nouveaux Etats: le Danemark, l'Irlande et le Royaume-Uni en 1973; la Grèce en 1981; l'Espagne et le Portugal en 1986. En outre, le serpent monétaire, embryon d'une union monétaire, a fait son apparition en 1974, pour être remplacé en 1979 par le système monétaire européen, plus souple. Les pays membres doivent respecter les parités des monnaies nationales par rapport à l'ECU (European Currency Unit) et les banques centrales nationales interviennent en cas de trop grandes fluctuations des taux de change d'un pays à l'autre. L'année 1979 a représenté une date charnière car depuis cette époque, la Cour de Justice statue et prévaut sur les réglementations nationales au cas où l'un des pays membres empêcherait l''importation', donc la libre circulation, d'un produit communautaire.

La troisième phase: depuis le Marché Unique et le Traité de Maastricht. Jacques Delors, devenu président de la Commission en 1985, a donné un nouvel élan à la CEE en proposant un programme de 279 directives qui concernaient tous les secteurs d'activité. Elles avaient pour but la suppression des frontières internes et l'intégration économique réelles, ainsi que la promotion des PME dans un marché qui représentait dans les 350 millions de consommateurs. Ces directives allaient être incorporées dans l'Acte Unique qui allait supprimer les trois grands obstacles au libre commerce en Europe, à savoir:

- les barrières physiques (contrôles douaniers);
- les différences dans les normes techniques;
- les différences fiscales, et surtout celles des taux de TVA.

Toutefois, une zone de libre-échange pure et simple s'étant avérée insuffisante, Jacques Delors a conçu l'idée de l'Espace Economique Européen en 1992. L'EEE est né en 1994 du mariage des douze Etats de la communauté avec cinq pays de l'AELE: l'Autriche, la Finlande, l'Islande, la Norvège et la Suède. C'est le plus grand marché du monde avec un PIB de 6752 milliards de dollars. Au début de l'année 1994, la CEE est devenue l'Union Européenne et en janvier 1995, elle a accueilli trois autres membres: l'Autriche, la Finlande et la Suède.

La Conférence Intergouvernementale représente un autre tournant de l'histoire européenne. Lors de la réunion à Turin en mars 1996, a été mise en lumière la nécessité de modifier les institutions européennes qui ont été prévues pour six Etats et se trouvent peu compatibles au bon fonctionnement des Quinze. La CIG a donc pour tâche de réviser les trois traités de l'UE (le traité de Rome, l'Acte Unique et le Traité de Maastricht) dans le but d'adapter les institutions existantes à de futurs élargissements, en particulier à l'entrée des pays de l'Est.

Quant au **Traité de Maastricht**, il comporte des dispositions nouvelles ou renforcées par rapport au Traité de Rome.

Parmi les articles les plus significatifs du Traité, on compte des actions communes dans les domaines de l'environnement, de la formation, de la protection des consommateurs, des droits sociaux, de la sécurité et de la politique étrangère. Fort controversé demeure l'article sur l'**Union économique et monétaire** dont les modalités d'application sont prévues en trois étapes:

(i) 1998 (ou fin 1997): identification du noyau dur, c'est-à dire des pays pouvant participer à l'UEM et mise en place de la banque centrale européenne (BCE) qui sera installée à Francfort.

(ii) 1999: fixation définitive des parités entre les devises européennes.

(iii) 1er janvier 2002: remplacement progressif des monnaies nationales par l'euro, suivi de leur retrait définitif en juillet 2002.

Pour les règlements interbancaires, le système TARGET[1] sera mis en place à partir du 1er janvier 1999.

Quant aux pays qui ne pourront ou ne voudront pas faire partie du noyau dur, un SME élargi est retenu.

Les conséquences du marché unique sur les entreprises françaises

Plus de clients, mais plus de concurrents. Finis les marchés nationaux protégés. Même les secteurs publics doivent ouvrir leurs portes aux entreprises étrangères, témoin les sociétés comme France Télécom ou Air France qui ne peuvent échapper à la vague de privatisations. L'ouverture des marchés est donc à la fois une opportunité et une menace et exige une adaptation interne et externe de l'entreprise. Côté interne, il lui est indispensable d'accélérer le progrès technique, d'avoir des prix de revient plus bas grâce à des gains de temps et de productivité. Côté externe, la clé de la réussite est la rapidité de l'information, la connaissance constante des besoins du marché pour être en mesure de les exploiter. De surcroît, l'informatisation, le recrutement d'eurocadres, la formation du personnel et la connaissance d'autres langues sont devenus prioritaires.

Les PME n'ont pas toujours assez de poids face à la concurrence planétaire. D'où une frénésie de concentrations, d'acquisitions, d'alliances et de rachats qui s'est emparée des entreprises de façon à obtenir une taille suffisante et faire des économies d'échelle. Ce phénomène s'est accéléré depuis 1988. C'est pourquoi il s'est opéré depuis lors un transfert du contrôle de ces opérations à la Commission Européenne. Celle-ci veille au respect des règles de la concurrence et empêche les situations de monopole.

Mais le rôle de la Commission ne se limite pas à celui d'arbitre; elle est davantage concernée par le développement des entreprises sur le plan européen et d'actions communes susceptibles de donner son élan à l'économie européenne. Toute une série d'actions de concertation et de coopération a donc été mise sur pied en recherche et développement et en formation des étudiants. C'est ainsi qu'ont vu le jour des programmes en partie financés par l'Union et dont voici quelques exemples:

- COMETT puis LEONARDO DA VINCI pour la haute technologie;
- ESPRIT pour le transfert des technologies aux PME;
- RACE pour le développement des réseaux de communication;
- BRITE EURAM pour les techniques de production;
- EUREKA pour la recherche et le développement européens;
- SOCRATES et LINGUA pour les programmes d'échanges d'étudiants et d'apprentissage des langues.

A marché unique, consommateur européen?

On peut remarquer une tendance à l'homogénéisation du comportement et des mentalités des peuples de l'Union. Celle-ci s'est faite en partie grâce au développement d'une presse et d'une télévision européennes, avec pour objectif de contrecarrer la domination de la culture américaine sur le petit écran; à un système d'éducation plus ouvert sur l'extérieur et qui favorise la mobilité des étudiants à travers l'Union; aux voyages qui permettent le contact et l'adaptation à des cultures et à des langues différentes; à une uniformisation de la mode; à la diffusion et à l'adoption de produits européens, voire mondiaux.

[1] TARGET: Trans-European Automated Real-Time Gross Settlement Express Transfer (en français: Système Européen de Transfert Express Automatisé à Règlement Brut en Temps Réel)

Il n'en demeure pas moins que chacun s'accroche à son identité et que les caractéristiques nationales sont fortement ancrées. Témoin, la forte réaction de nations comme la Grande-Bretagne devant l'adoption de la monnaie unique et l'instauration de la BCE. Bien que la première soit vue par divers économistes comme une nécessité pour les entreprises qui veulent investir et conclure des marchés dans un autre pays de l'Union, elle semble bien être la pierre d'achoppement de Maastricht. En effet, battre monnaie est l'un des symboles de la souveraineté des nations et elles y tiennent.

Bref, l'Union représente une attraction puisque de plus en plus de pays veulent y adhérer. Est-ce une réussite commerciale? Sans doute, mais fragile car l'Europe est fragmentée et les diverses crises politiques qui l'ont traversée, comme la guerre en Yougoslavie, ont fait ressortir son absence de politique extérieure commune. En outre, fondée sur la cassure Est–Ouest, elle a du mal à s'adapter à l'ouverture du mur de Berlin, à la réunification allemande et à l'effondrement de l'URSS. Mais elle est aussi ressentie comme une atteinte à l'identité et à la souveraineté des nations.

Un retour en arrière est-il concevable? Une Europe éclatée pourrait signifier, à l'exemple yougoslave, la résurgence des nationalismes. Un bloc économique européen puissant semble indispensable pour pouvoir rivaliser avec les Américains et les Japonais.

Références

Descheemaekere, François *Mieux comprendre le traité de Maastricht*, les éditions d'Organisation, (1992).
Atlaseco du monde, Editions E.O.C., (1996).
Bourdelin, Didieret et Labori, Michel *De l'Europe des Quinze à l'Europe continent*, Ellipses, (1996).
'Bercy prépare le Français à l'euro', *Le Figaro Economique*, (31/10/1996).
'L'euro condamne-t-il les budgets nationaux?', *Le Nouvel Economiste*, no. 1064, (4/10/1996).
'Adapter ou standardiser?', *L'entreprise*, no. 127, (avril 1996).
'La marque communautaire, mode d'emploi', *L'Entreprise*, no. 128, (mai 1996).

Liste de sigles utiles

AELE Association Européenne de Libre-Échange (anglais EFTA). Elle comportait les pays suivants en 1990: l'Autriche, la Finlande, l'Islande, le Liechtenstein, la Norvège, la Suède, la Suisse.
AUE Acte Unique Européen.
BEI Banque Européenne d'Investissement.
BERD Banque Européenne de Reconstruction et Développement.
CAEM (ou **COMECON**) Conseil d'Assistance Économique Mutuelle. Il organisait le commerce entre les pays socialistes.
CEE devenue CE Communauté Économique Européenne.
CEN Comité Européen de Normalisation.
EEE Espace Économique Européen. Projet de relations CEE-AELE.

EIC Euro Info Centre.
EUREKA European Research Cooperation Agency. Programme de recherche et développement européen lancé par la France en 1985.
EUVCA European Venture Capital Association.
FEOGA Fonds d'Orientation de Garantie Agricole.
FMI Fonds Monétaire International.
GEIE Groupement Européen d'Intérêt Économique.
OCDE Organisation de Coopération et de Développement Économique.
OEB Office Européen des Brevets.
PAC (anglais CAP) Politique Agricole Commune.
UE Union Européenne.
UEM Union Économique et Monétaire.
SEBC Système Européen de Banques Centrales.
SME Système Monétaire Européen.

Avez-vous compris?

Vrai ou faux? Cochez la bonne réponse.

	Vrai	Faux
1 La CEE date de l'entre-deux-guerres.		
2 La PAC a été instaurée peu après la mise en vigueur du Traité de Rome.		
3 Le SME est l'ancêtre de l'UEM.		
4 L'Acte Unique est une entrave à l'intégration de l'Europe.		
5 L'EEE forme un grand bloc économique face aux Etats-Unis.		
6 L'Islande a intégré l'UE en 1994.		
7 Grâce à la CIG on aura des institutions plus souples.		
8 La Commission a surtout un rôle d'arbitre.		
9 Les monnaies nationales des participants à l'UEM disparaîtront en 2002.		
10 L'absence d'unanimité par rapport à l'UEM est le reflet de la division de l'opinion publique en Europe.		

Points de réflexion

1 Sommes-nous trop attachés à nos monnaies nationales – les Français au franc, les Anglais à la livre – pour accepter leur disparition?

2 'Je suis d'abord bavarois, deuxièmement européen, et troisièmement allemand', a dit un député munichois. Vous sentez-vous d'abord proche de votre région, de votre pays ou de l'Europe? Pourquoi?

3 Quelles nouvelles possibilités de carrière pensez-vous que l'Union Européenne créera pour vous?

Activités de recherche

1 Mettez la date qui correspond à chacune des étapes suivantes dans la création de l'Europe:

Date

1 Création du CAEM (COMECON) _____

2 Signature du Traité de Rome donnant naissance à la CEE. _____

3 Convention de Stockolm: naissance de l'AELE (anglais EFTA) _____

4 La CEE devient l'UE _____

5 Entrée en vigueur de la PAC (anglais CAP): l'Europe verte. _____

6 Rejet de la CED (Communauté Européenne de la Défense). _____

7 Réalisation de l'union douanière entre les 6 pays de la Communauté. _____

8 Création d'une zone de pêche de 200 milles nautiques le long des côtes de la CEE. _____

9 Instauration du SME. _____

10 Premier élargissement avec l'entrée du Danemark, de l'Irlande et de la Grande-Bretagne. _____

11 Création du 'serpent monétaire', ancêtre du SME. _____

12 Deuxième élargissement: entrée de la Grèce dans la CEE. _____

13 Ratification de l'Acte Unique Européen. _____

14 Troisième élargissement: entrée de l'Espagne et du Portugal dans la CEE. _____

15 L'ECU devient une devise. _____

16 Les Français disent 'oui' par référendum au Traité de Maastricht. _____

17 Signature du Traité de Maastricht par les Douze. _____

18 Unification de l'Allemagne, d'où un élargissement, par le biais, de l'Europe. _____

19 Quatrième élargissement. _____

20 Dissolution du CAEM (COMECON). _____

2 Trouvez des exemples de projects de coopération dans le cadre d'un programme soutenu par la Commission européenne, comme par exemple LEONARDO DA VINCI, RACE, ESPRIT. Quels sont les objectifs de ces projects? Quelles organisations y ont participé (entreprises, universités, collectivités locales etc)?

3 Qu'est-ce qu'un 'eurocadre'? Cherchez dans des magazines d'affaires francophones (l'*Entreprise*, l'*Expansion*, le *Nouvel Economiste*, ou autres) un ou deux exemples d'eurocadres et décrivez:

- sa formation;
- son poste et ses responsabilités;
- ses compétences;
- son style de vie.

4 Quels sont les avantages et les inconvénients pour les entreprises d'une monnaie unique européenne?

5 Ecoutez l'interview avec Christian Zimmermann sur les entreprises françaises et l'Europe. Selon Monsieur Zimmermann, quelles sont les conséquences de l'intégration européenne?

B *Texte de compréhension*

LA BNP ET LA DRESDNER METTENT LE CAP SUR L'EURO

Comment préparer l'échéance de 1999?
Banques et entreprises commencent à prendre conscience de l'ampleur de la tâche.

'Il s'est passé quelque chose en septembre. Avant, les doutes sur l'avènement de l'euro semblaient encore permis: depuis, ceux-ci se sont dissipés et c'est la préparation de cet évènement tout proche qui s'impose': ces propos d'Alain Joly, président d'Air Liquide, bien des patrons français pourraient les tenir. Bien des patrons allemands aussi sans doute. Or, en France comme en Allemagne, rares sont les sociétés, petites ou grandes, qui ont commencé à étudier les conséquences pratiques de la mise en service de l'euro, à partir de 1999.

Celles-ci sont pourtant immenses et complexes, singulièrement dans les banques. C'est pourquoi la Dresdner Bank, à l'occasion de la signature officielle de son accord d'alliance avec la BNP, avait choisi de développer ce thème devant ses clients et ses cadres, lundi à Francfort.

Entre 1999 et 2002, date du basculement définitif dans le système de monnaie unique, l'euro coexistera avec les monnaies nationales. C'est la période de tous les dangers. Alain Joly, qui vient de mettre en place un groupe de travail, a donné une petite idée de l'ampleur de la tâche pour un groupe comme le sien: *'Il faudra un double système de facturation et de comptes pour les clients et les fournisseurs, avec des risques d'erreurs qu'il ne faut pas sous-estimer, ainsi qu'un double système de prix.'*

Henri Lachmann kamikaze

Tout dans la vie de l'entreprise devra être revu, depuis les systèmes informatiques jusqu'aux contrats, en passant par les considérations boursières, si chères à Air Liquide, puisque dès le 1er janvier 1999, le capital et le dividende devront être exprimés en franc et en euro. Ce qui laisse augurer quelques délicats problèmes d'arrondis et de chiffres après la virgule... La liste n'est pas exhaustive.

'Une collaboration étroite est nécessaire avec les banques', a-t-il souligné. De fait, c'est de ce côté que la tâche s'annonce la plus ardue. Daniel Lebègue, vice-président de la BNP, où a été mis en place un comité de pilotage, a précisé que, pour sa banque, il s'agit de former 55000 collaborateurs, d'informer 8 millions de clients, de modifier 60000 programmes informatiques... Coût prévisible de l'opération, étalé sur plusieurs années: 1,6 milliard de francs.

La BNP et la Dresdner, qui ont choisi de faire route de concert à l'international, ont affirmé vouloir prendre ensemble le virage de l'euro. *'Notre alliance constitue notre réponse stratégique à ce défi'*, s'est réjoui Jürgen Sarrazin, président du directoire de la banque allemande. Michel Pébereau, président de la BNP, se veut confiant pour le tandem: *'La concurrence entre banques dans la zone euro sera accrue et il est probable qu'elle jouera en faveur d'établissements d'une certaine taille.'*

Pour détonner, dans un tel contexte d'optimisme, il faut un kamikaze. Henri Lachmann, président de Strafor Facom, ne déteste pas le rôle.

Avec sa fougue habituelle, il a appelé les Européens à *'ne pas commettre l'erreur historique de sur-évaluer l'euro'* face au dollar et au yen, car *'l'Europe et l'euro ne se feront pas dans un contexte de chômage massif'*.

Henri Lachmann a pu mesurer à quel point il ne faut pas proférer de telles incongruités dans la capitale monétaire de l'Europe. C'est dans un silence profond qu'a résonné sa mise en garde, aussi poli et glacial que le marbre du hall d'honneur du siège de la Dresdner...

---

détonner to depart from the consensus.
proférer de telles incongruités to make incongruous remarks publicly.

Questions sur le texte

1 Les patrons allemands ont-ils commencé à se préparer à l'introduction de l'euro?

2 Quelle a été la décision de la Dresdner Bank à cet égard?

3 Pourquoi la période entre 1999 et 2002 représente-t-elle un danger pour les entreprises?

4 Quels changements sont envisagés à Air Liquide une fois l'euro introduit?

5 Quelles activités spécifiques sont prévues à la BNP?

6 Pourquoi la BNP et la Dresdner ont-elles signé un accord de coopération?

7 Quels doutes exprime Henri Lachmann sur l'euro?

8 Comment son audience a-t-elle réagi?

9 Trouvez des expressions synonymes pour:

    (i)   'Ce qui laisse augurer';

    (ii) 'faire route de concert';

    (iii) 'prendre le virage'.

Activités

1 La France et le défi du marché européen. Quelle est la notoriété des entreprises et des marques françaises en Grande-Bretagne par rapport à leurs concurrents européens? Faites un sondage auprès de vos camarades de classe pour obtenir des informations suivantes sur:

(i)   les pays fabriquants avec des exemples de grandes marques de différents produits dans les secteurs suivants: alimentaire, électroménager, habillement, sports/loisirs.

(ii) la réputation des fabricants, et par conséquent des pays européens quant à la qualité, au prix, à l'image de leurs produits.

Présentez les résultats du sondage en utilisant la technique 'mapping' comme suit:

2 Simulation: une grande entreprise d'habillement américaine cherche à s'implanter en Europe. Le Pdg de l'entreprise s'est fixé pour objectif à long terme de conquérir tous les marchés européens. Dans l'immédiat, il lui faut un siège social en Europe pour coordonner les équipes de vente et les études de marché qui auront lieu sur l'ensemble du territoire de l'UE et, éventuellement, dans les pays de l'Europe de l'Est. Il hésite entre quatre capitales: Londres, Paris, Bruxelles et Berlin.

La classe se divise en 4 groupes, chacun ayant pour tâche de représenter l'une des villes. Chaque groupe prépare et présente un dossier sur la ville de son choix de façon à persuader le Pdg, dont le rôle peut être joué par le professeur, que c'est sa ville qui doit être le futur siège européen de son entreprise. Votre tâche est donc d'essayer de trouver les arguments les plus convaincants qui feront pencher la balance en faveur de votre ville.

C *Grammar*

The expressions *il est* and *c'est*

Il est/Elle est

(i) *Il est/Elle est* can be used to describe specific things or individuals. It can be found **before** an adjective or an adverb:

Ta publicité sur l'intelligence artificielle, elle est géniale.
(Your advert for artificial intelligence is brilliant.)

Ta lettre, elle est mal tapée.
(Your letter is badly typed.)

Mon chef de service? Il est jeune, sympathique, compétent.
(My head of department is young, friendly and efficient.)

Qu'est-ce qu'il/elle fait dans la vie? Il/Elle est ingénieur, Pdg, ministre.
(He/She is an engineer, a manager, a minister, etc.)

Cet emballage, il est en carton.
(This packaging is made of cardboard.)

(ii) *Il est* is used in the **written** language in impersonal expressions.

De nos jours, il est indispensable de savoir se servir d'un ordinateur.
(Nowadays, it is essential to know how to use a computer).

C'est/Ce sont

(i) *C'est/Ce sont* is used to describe people or things in general. It can appear **before** an adjective, a noun or an infinitive:

La publicité, c'est cher.
Advertising is expensive. (Compare with the first example in (i) above.)

S'exprimer clairement, c'est difficile.
(Expressing oneself clearly is difficult.)

Tu aimes le cinéma? Oui, c'est passionnant.
(Do you like the cinema? Yes, it's terrific.)

Ce qui compte, c'est la productivité.
(It's productivity that's important.)

Ce qu'il faut faire, c'est s'adapter à la nouvelle technologie.
(One has to adapt to new technology.)

(ii) *C'est* is used in the **spoken** language to express the same idea as in (ii) above.

De nos jours, c'est indispensable de savoir se servir d'un ordinateur.

(iii) *C'est* is used in reply to the questions:

- *qui est-ce?*
- *qu'est-ce que c'est?*
- *c'est . . . ?*

Le nouveau, qui est-ce?—C'est Raoul Béranger. Il remplace madame Léotard.
(Who's the new man?—It's Raoul Béranger. He is replacing Mrs Léotard.)

Cette bande vidéo qu'est-ce que c'est—C'est une publicité sur le produit que nous venons de lancer.
(What's this videocassette?—It's an advert for the product we have just launched.)

C'est loin d'ici?—Non, c'est tout près.
(Is it far from here?—No, it's very near.)

(iv) *C'est* or *ce sont* is found **before**:

- *Un (une, des), le (la, les), mon (ma, mes), ce (cet, cette, ces). (See also* examples on p. 74, *c'est/ce sont* section (i).)

  Mon chef de service? C'est un homme jeune, sympathique, compétent.
  (My head of department is a friendly and efficient young man.) (Compare with the example on p. 74, *il est/elle est* section (i).)

  Ce sont des touristes américains.
  (They are American tourists.)

  C'est la nouvelle réglementation.
  (It is the new regulations.)

  C'est mon problème.
  (It's my problem.)

  C'est cette rumeur de fusion . . . voilà pourquoi il est inquiet.
  (It's this rumour about a merger . . . that's why he is worried.)

- **A pronoun:**

  Mme Rouet, la carte Visa que j'ai trouvée dans mon bureau . . .—Mais oui, c'est la mienne. Je croyais l'avoir perdue.
  (Oh yes. It's mine. I thought I had lost it.)

  Dites-moi, le dossier sur la diversification, c'est celui-ci?
  (Tell me, is this the file on the diversification project?)

- **A superlative:**

  Alors, ça, c'est la meilleure! Il me faut faire un autre stage sur le nouveau tableur.
  (Well, that's the limit. I've got to go on another course on the new spreadsheet.)

(v) *C'est* or *ce sont* is used for **identification.**

  Qui est chargé de faire un exposé sur le parc nucléaire en France?—C'est madame Pernaud.
  (Who is in charge of making a presentation on nuclear power stations in France?—Mrs Pernaud.)

  Qui est à l'appareil?—C'est monsieur Dermos de la société Technocan.
  (Who is speaking?—It's Mr Dermos, from Technocan.) (See also examples in (iii) on page 75.)

(vi) *C'est* or *ce sont* is used for **emphasis.**

  C'est à Francfort que doit être installée la BCE.
  (The European Central Bank is likely to be based in Frankfurt.)

  C'est une OPA dont tout le monde parle.
  (It's a take-over bid that everybody's talking about.)

  En l'absence de monsieur Moirou, c'est moi qui décide.
  (During Mr Moirou's absence, I am the one who makes the decisions.)

(vii) *Si . . . c'est* is used to express:

- **A cause:**

  S'il y a tellement de sociétés qui font faillite, c'est à cause de la conjoncture.
  (The reason so many firms are going bankrupt is the state of the economy.)

- **An aim:**

  Si les entreprises exigent davantage de leur personnel, c'est pour améliorer la compétitivité.
  (If firms are demanding more effort from their staff, it is in order to improve competitiveness.)

▱ Structural exercises

A Listen to the recording. Respond to the questions as in the examples below, using *il est/elle est/c'est* where appropriate.

  Il vient des Etats-Unis?
  Oui, il est américain.
  Et elle, qui est-ce?
  C'est une Américaine qui voyage avec lui.

A vous maintenant

1 Il vient du Japon?
  Et elle, qui est-ce?

2 Il vient d'Italie?
  Et elle, qui est-ce?

3 Il vient d'Allemagne?
  Et elle, qui est-ce?

4 Il vient de Russie?
  Et elle, qui est-ce?

5 Il vient de Grèce?
  Et elle, qui est-ce?

B You disagree with the speaker. State your view, as in the example below.

Il est étonnant que les Danois aient voté non au Traité de Maastricht.
A mon avis, ce n'est pas si étonnant que cela.

A vous maintenant

1 Il est indispensable que nous ayons des filiales en Allemagne.

2 Il est absurde que les gens se méfient de l'union monétaire en Europe.

3 Il est curieux que les sentiments nationaux soient si forts.

4 Il est impensable qu'on n'arrive pas à se mettre d'accord sur une politique de défense en Europe.

5 Il est dommage que le ministre pense démissionner après un non au référendum.

C You show your astonishment at the speaker's ignorance. Respond in the same way as the example.

Gérard Depardieu, qui est-ce?
Mais voyons, c'est un acteur français!

A vous maintenant

1 L'AELE, qu'est-ce que c'est?

2 La PAC, qu'est-ce que c'est?

3 Margaret Thatcher, qui est-ce?

4 Bruxelles, qu'est-ce que c'est?

5 La Bundesbank, qu'est-ce que c'est?

6 Jacques Delors, qui est-ce?

7 Les NPI, qu'est-ce que c'est?

8 La TVA, qu'est-ce que c'est?

9 Le G7, qu'est-ce que c'est?

10 Les Beatles, qui est-ce?

Written exercises

A Notice the difference between a general and a specific statement when using *c'est/il est*. Fill in the gaps accordingly.

1 La publicité, (_____) cher. Peut-être, mais la mienne, (_____) bon marché.

2 Les questionnaires, (_____) compliqué. Peut-être, mais le mien, (_____) tout simple.

3 La voiture, (_____) encombrant, difficile à garer en ville et polluant. Peut-être, mais la mienne, (_____) toute petite, facile à garer, guère polluante avec son pot catalytique.

4 Les cigarettes, (_____) nocif pour la santé. Peut-être, mais les miennes, (_____) légères et elles ont une faible teneur en goudron.

5 Le vin bon marché, (_____) mauvais pour l'estomac. Peut-être, mais le mien, (_____) d'excellente qualité, pas très cher. (_____) un bon investissement.

6 Les films, (_____) tout un art. Peut-être, mais le film que je viens de voir, (_____) loin d'être artistique.

7 Les ordinateurs, (_____) la poisse pour les employés plus âgés. Peut-être, mais (_____) indispensables à toute entreprise moderne.

8 L' élargissement de l'Europe à la Turquie, (_____) loin d'être pour tout de suite. Peut-être, mais (_____) quand même considéré.

9 Utiliser l'écu, (____) pratique pour ceux qui voyagent en Europe. Peut-être, mais la monnaie nationale, (____) tout aussi pratique pour ceux qui préfèrent visiter leur propre pays ou aller dans des endroits exotiques.

10 Construire un axe ferroviaire express transeuropéen, (____) pas pour demain. Peut-être, mais (____) prévu malgré les coûts élevés.

B Complete the text below replacing each number in brackets with 'c'est' etc or 'il est' etc, as appropriate.

L'UEM

(1) parce que la monnaie est un des signes d'indépendance nationale qu' (2) difficile d'avoir un consensus sur la monnaie unique. En outre, (3) la création d'une banque centrale européenne (BCE) qui fait craindre la disparition des banques centrales nationales dans l'esprit des gens. Or, ce qui va changer (4) que ces banques centrales nationales deviendront indépendantes de leur gouvernement respectif. Toutefois, (5) à remarquer des différences d'habitudes nationales d'un pays membre à l'autre. En effet, (6) l'autonomie par rapport au gouvernement qui s'installera à la banque de France, par exemple. Pour le moment, (7) sous la dépendance du ministre de l'économie et des finances qui lui impose sa politique économique. Par contre, (8) l'indépendance de décision qui règne à la Bundesbank allemande de façon à préserver la stabilité des prix. Ce qui préoccupe l'Allemagne, (9) les tensions inflationnistes dues à la réunification. Par les relèvements successifs des taux d'intérêts, qui se répercutent sur les autres pays membres, (10) une politique rigoureuse qui a été menée et qui est jugée excessive par les partenaires de l'Allemagne.

Quant à la banque de France, (11) une révolution qu'elle devra accomplir si elle veut prendre ses distances par rapport au ministre des finances puis accepter l'autonomie de la BCE.

(12) les ravages causés par l'inflation, génératrice de plans d'austérité, donc de chômage, qui ont poussé les Douze à vouloir installer un pouvoir monétaire indépendant. Pour certains, cette indépendance du pouvoir monétaire du reste de la politique économique, (13) une perte de souveraineté nationale.

Quant à la monnaie unique, (14) dénoncée comme étant trop rigide. (15) finalement cette disparition du franc français, du mark, etc dans le long terme qui est le plus ressentie comme une perte d'identité.

D *Business language skills*

La correspondance commerciale

Le premier contact avec une entreprise – un prospect, un fournisseur, un employeur – a souvent lieu par écrit. La lettre commerciale est donc une façon de présenter votre entreprise, votre gamme de produits ou de services, et surtout vous-même. Tout comme pour la présentation orale, vous devez faire attention aux détails et la préparer avec soin.

On peut remarquer deux aspects significatifs de toute correspondance écrite en français: la **structure** et les **formules**. Considérez la lettre ci-dessous:

ANABEL
Groupe LGS Inc[1]

Siège:
Rue Gustave Lang
90000 BELFORT
Tél. 03 84 58 64 00
Fax 03 84 28 68 87

Agence:
58, rue Gambetta
92247 Malakoff Cedex
Tél. 01 46 12 65 00
Fax 01 42 53 62 20

Paris, le 15 octobre 1996[4]

University of Greenwich[2]
Woolwich campus
Riverside House
Beresford Street, Woolwich
London SE18 6BU
Great Britain

A l'attention de: Mme Delbourgo

Objet: Stagiaire 1997-1998[3]

Madame,[5]

Je vous écris afin de donner suite à un courrier que vous avez adressé à Monsieur Dominique Monier. Je travaille avec Monsieur Monier et suis responsable du secteur communications pour notre société.[6] Avant de vous annoncer un intérêt de notre part, j'aurais souhaité en savoir davantage sur votre programme.[7]

Je demeure à votre disposition pour une éventuelle rencontre lors de votre passage à Paris.[8] Dans l'attente d'informations relatives à ce projet, je vous prie d'accepter mes salutations distinguées.[9]

Danièle ROUTHIER[10]
Directeur-Adjoint
Communication

Anabel S.A. au capital de 400000F - R.C.S.
Belfort B 318 292 513

Unit 5 Les entreprises et l'Europe

Clé

[1] En-tête. Si vous n'utilisez pas de papier préimprimé, mettez votre nom en haut, **à gauche**.
[2] Destinataire (nom et adresse), en haut, **à droite**.
[3] Objet (pas toujours mentionné).

[4] Date.
[5] Formule d'appel.
[6] Formule d'introduction.
[7] Développement.
[8] Conclusion.
[9] Formule de politesse.

[10] Signature (précédée ou suivie du titre du signataire). Il peut y avoir la mention P.P. = par procuration.

79

Formules

Formules d'introduction	Formules finales
Formules d'appel (reprises dans la formule de politesse)	**Formules de politesse** (reprennent toujours la formule d'appel; leur ton est adapté au ton général de la lettre)
(i) *Vous vous adressez à une personne déterminée:* Monsieur, Madame, (à employer plutôt que Mademoiselle en cas de doute) Mademoiselle,	a) *Vous voulez indiquer la considération:* • Je vous prie d'agréer, Monsieur (Madame/ Mademoiselle), l'expression de ma haute considération. • Je vous prie de croire, Monsieur (Madame/ Mademoiselle), à ma considération. b) *Vous voulez indiquez la déférence:* • Je vous prie d'agréer, Monsieur (Madame/ Mademoiselle), l'expression de mon profond respect. c) *Lettre adressée à un client, un fournisseur...* • Veuillez agréer, Monsieur (Madame/ Mademoiselle), l'expression de mes sentiments dévoués/de mes sentiments respectueux. • Recevez, Monsieur, ... l'assurance de mes sentiments dévoués.
(ii) *Vous ne vous adressez pas à quelqu'un de particulier:* Messieurs,	• Nous vous prions de croire, Messieurs, à l'assurance de notre considération. • Recevez, Messieurs, l'assurance de nos sentiments distingués. • Veuillez agréer, Messieurs, ...
(iii) *Vous connaissez la personne. Vous avez déjà eu des relations d'affaires avec elle:* Cher Monsieur, Chère Madame, Chère Mademoiselle, NB: Ne mettez pas le nom de la personne en question.	• Je vous prie de croire, chère Madame, à l'expression de ma haute considération, etc; • Croyez, cher Monsieur, à mon respectueux souvenir.
(iv) *Avec la mention du titre de la fonction:* Monsieur le Directeur, Monsieur le Président-Directeur-Général, Madame la Présidente, Maître (avocat), ...	• Je vous prie d'agréer, Madame la Présidente, l'expression de mon profond respect... • Je vous prie d'agréer, Monsieur le Directeur, l'assurance de ma haute considération.

Accusé de réception

- Nous avons bien reçu votre courrier du 10 septembre courant et nous vous en remercions.
- Nous accusons réception de votre lettre du 16 décembre nous confirmant votre commande de . . .
- Nous vous remercions de votre lettre du 21 mars courant nous demandant de vous faire parvenir un prospectus sur . . .

Non réponse

Non réponse à une lettre de relance, de réclamation, de prospection:

- Nous vous avons écrit le 17 juillet dernier et nous sommes étonnés de voir que notre lettre est restée sans réponse.

Réponses

- En réponse à votre lettre du 8 juin dernier, nous vous faisons parvenir ci-joint une documentation sur . . .
- Nous nous excusons de répondre si tard à votre lettre du 15 janvier 19 . . . , mais nous étions en train d'installer de nouveaux ordinateurs. Nous nous empressons de . . .
- Votre lettre du 3 février ne nous est parvenue que trois semaines plus tard, après être passée par Rotterdam. Nous nous hâtons d'y répondre . . .

Formules de développement

- Nous vous serions obligés de . . .
- Nous vous serions reconnaissants de . . .
- Nous aimerions vous rencontrer lors de votre prochain passage à Montpellier . . .
- Au cas où votre règlement ne nous parviendrait pas d'ici la fin du mois, nous nous verrions contraints de . . .
- Nous ne voudrions pas briser des relations de longue date et nous vous serions obligés de nous envoyer les articles commandés dans les plus brefs délais . . .
- Nous n'avons toujours pas reçu confirmation de . . .

Formules de conclusion et de politesse

- Dans l'attente de votre réponse, je vous prie d'agréer, Monsieur, l'expression de mes sentiments dévoués.
- Nous espérons que vous pourrez donner suite à notre projet et vous prions d'agréer, chère Madame, l'expression de nos salutations les meilleures.
- Dans l'espoir d'une réponse rapide de votre part, nous vous prions d'agréer . . .
- Nous vous remercions de votre prompte réponse. Dans l'espoir que nous parviendrons à un accord dès que possible, nous vous prions de croire, ...

Les références

Si vous répondez à une société qui a écrit à la vôtre, dans ce cas vous mettez:

- Vos références: celles qui figurent sur la lettre reçue.
- Nos références: vos propres références.

Activités

A Répondez aux annonces suivantes émises de Grande-Bretagne (inventez le nom et l'adresse du magazine):

Affaires à faire	
MF/0897	**MF/0899**
Proposons services de traduction et d'interprétariat français-anglais/anglais-français. Traductions écrites techniques. Traductions simultanées lors de conférences.	Société britannique cherche à louer 350 m² de bureaux bien situés dans trois villes françaises: Montpellier, Toulouse, Aix-en-Provence. Facilités de parking et accès par transports en commun indispensables.
MF/0898	**MF/0900**
Société implantée dans le Royaume-Uni (Yorkshire) recherche des distributeurs à l'échelon national en Belgique, en France et en Suisse française pour des pièces et accessoires automobiles. Matériel de haute qualité à des prix compétitifs.	Société britannique recherche agent spécialisé dans la distribution de logiciels aux applications très pointues dans le monde de la finance (banques, Bourse, assurances...). Ont fait leur preuve dans le Royaume-Uni. Voulons les répandre en France.

Contact: Jean-Claude Maillon

(0171) 584 72 69

B Rédigez les lettres suivantes:

(i) **Retard de livraison**

Vous écrivez à un fournisseur qui ne vous a pas envoyé la marchandise commandée à temps, ce qui a provoqué une perte des ventes. Vous ne voulez pas gâcher des relations de longue date. Attention au ton de la lettre! Vous acceptez de recevoir quand même la marchandise sous deux conditions: qu'elle soit envoyée le plus rapidement possible; qu'on vous consente un rabais.

(ii) **Réclamation**

Il y a eu erreur de livraison. Vous avez reçu des articles que vous n'avez pas commandés. Vous écrivez au fournisseur pour lui signaler que vous lui renvoyez la livraison erronée à ses frais et que vous devez absolument recevoir votre propre commande dans les plus brefs délais. Le ton de la lettre est sec. Vous menacez de vous adresser ailleurs si vous n'obtenez pas satisfaction.

(iii) **Relance**

Vous avez livré des articles à un client qui se fait tirer l'oreille pour le règlement. Vous lui envoyez une première lettre de relance sur un ton poli mais ferme pour obtenir ce qu'il vous doit.

(iv) Rupture de stocks

A cause d'une panne d'ordinateurs, vous vous apercevez, assez tard, que vous êtes en rupture de stocks. Vous envoyez une lettre d'excuse à votre client. Le ton de la lettre est obséquieux. Vous ne voulez pas perdre votre client.

(v) Augmentation de vos prix

Vous êtes le fabricant. Le prix de la matière première a augmenté, ainsi que celui de la main-d'oeuvre. Cela se répercute évidemment sur le prix de la marchandise. Vous envoyez une lettre à vos distributeurs pour leur signifier l'augmentation de vos prix (donnez les détails) et les raisons de cette augmentation.

Unit 6

LES TRANSPORTS

A *Texte d'introduction*

La naissance des grandes villes est due dans une large mesure à la facilité d'accès, donc au développement des moyens de transport. Ainsi, les ports de Londres, Cadix, Marseille, Gènes ont-ils connu leur essor économique à l'âge d'or du transport maritime. De nos jours, les grandes métropoles des pays les plus industrialisés telles Los Angeles ou Birmingham doivent leur expansion à celle de l'automobile.

Le développement économique et la richesse personnelle qui en découle ont engendré une soif d'indépendance et l'envie de se déplacer. D'où la croissance spectaculaire du nombre de véhicules motorisés depuis la deuxième guerre mondiale. En effet, le parc automobile circulant est passé de 2 millions en 1950 à 30,3 millions en 1996, dont 25,1 millions de voitures particulières. Mais cet accroissement a eu des effets pervers: les encombrements, les accidents de la route et la pollution de l'air. Confrontés aux problèmes d'une circulation routière de plus en plus dense et à une sensibilisation de la population à ses conséquences néfastes sur l'environnement, les pouvoirs publics, en France comme dans les autres pays développés, ont accordé une place primordiale à leur politique des transports.

L'infrastructure routière et ferroviaire en France

Les réseaux routier et ferroviaire sont très centralisés. Il suffit de voir la place de l'Etoile à Paris avec ses grands axes radiaux qui y convergent pour s'en convaincre. Cette organisation 'en étoile' à partir de la capitale est aussi celle des réseaux autoroutier et ferroviaire. L'autoroute de l'ouest (1941), puis celles du sud (1960) et du nord (1965) ont été les premières réalisations d'un maillage qui compte aujourd'hui plus de 8000 km. Le réseau routier avec son 1,5 million de km de chaussées est le plus dense du monde.

Le réseau ferroviaire, avec ses 34 000 km de voies ferrées, est également très étendu. 'L'étoile de Legrand' renvoie à une loi du 11 juin 1842 sur la création de neuf grandes lignes de chemin de fer reliant Paris aux frontières et aux côtes de la Manche, de l'Atlantique et de la Méditerranée. Les lignes du TGV (Train à Grande Vitesse) suivent aussi cette structure et font la jonction entre Paris et de grandes agglomérations telles que Bordeaux, Lille, Lyon, Marseille et Toulouse. Le TGV Eurostar relie Paris à Londres via le tunnel sous la Manche depuis 1994. Par ailleurs, d'autres liaisons internationales assurées par le TGV en Europe, notamment en Belgique et en Italie, contribuent à faire de Paris et de la France un pôle ferroviaire important.

Il va sans dire que la capitale constitue également le centre d'un réseau de transport aérien national et international, avec ses aéroports d'Orly et de Roissy-Charles de Gaulle, bientôt avec un troisième dont la construction a été autorisée par le gouvernement sur le site de Beauvilliers. A l'exception de quelques destinations (Lyon, Strasbourg, Marseille), les vols nationaux partant des trente aéroports de province atterrissent à Paris.

Les transports urbains

A l'heure actuelle, les villes disposent de nombreux modes de transport urbains.

L'automobile est le choix préféré de millions de résidents des grandes villes, qu'ils se déplacent pour leurs loisirs ou pour leur travail. Le développement d'une infrastructure routière urbaine a donc dominé la planification des villes en France depuis les années 50. Néanmoins, l'insuffisance de l'infrastructure routière due à l'augmentation significative du parc automobile et les nuisances associées à l'utilisation de la voiture (le bruit, la pollution) ont poussé les collectivités locales à investir dans les transports en commun (le métro, l'autobus et le tramway) malgré le coût que cela représente. En effet, hors Ile-de-France, les investissements ont été de l'ordre de 4,5 milliards de francs en 1994, dont 49% ont été autofinancés, 31% payés par emprunts à long terme et le reste subventionné moitié par l'Etat, moitié par les collectivités locales.

Longtemps le privilège des Parisiens, le métro s'est avéré une solution efficace au problème des transports urbains dans les grandes villes. C'est ainsi que des lignes de métro ont été construites à Marseille et à Lyon, puis à Lille et à Toulouse avec le VAL (nom du métro de Lille), informatisé, sans conducteur et léger. Un VAL est également prévu pour Rennes, le feu vert pour la construction d'une ligne de 8,2 km avec 15 stations ayant été donné, et pour Bordeaux.

Dans les cités de taille moyenne l'autobus demeure le moyen de communication le plus répandu. Il consomme moins d'espace que la voiture, bien qu'il utilise les mêmes voies et qu'il soit donc sujet aux mêmes embouteillages que celle-ci aux heures de pointe.

Certaines villes pour lesquelles le métro représentait un investissement trop lourd avec le percement de tunnels, mais qui ont voulu mettre en place un système de transport collectif pratique et rapide ont opté pour une solution intermédiaire: le tramway, remis à l'ordre du jour. C'est le cas de Grenoble, de Nantes et de Strasbourg, cette dernière avec 10 km de lignes. Le tramway emprunte des couloirs réservés, ce qui évite les embouteillages.

Les villes universitaires (Montpellier, Aix-en-Provence), ont favorisé l'utilisation du vélo avec l'aménagement de pistes cyclables. Mais ce mode de transport ne décolle pas en France, surtout par rapport aux Pays-Bas et à l'Allemagne où les gens de tout âge et de toute classe sociale se servent de la bicyclette pour se rendre en ville.

L'industrie du transport

Pays le plus grand d'Europe avec une superficie de 551 695 km^2, la France a dû développer non seulement une infrastructure, mais aussi une industrie du transport où elle apparaît comme le leader européen (6% de la population active travaille dans ce secteur).

Dans une industrie marquée par une forte concentration, deux constructeurs français figurent parmi les six premiers constructeurs automobiles qui ont 75% de part du marché européen. Renault, le plus petit des deux, a été nationalisé en 1945 puis reprivatisé en 1996. Le groupe privé PSA Peugeot-Citroën, qui a connu une remarquable expansion dans les années 80 avec sa 205 et sa 405, est aujourd'hui bien placé pour concurrencer Fiat et Volkswagen. De plus, Renault et PSA dominent le marché des fourgonnettes en Europe et Renault est en bonne place dans le secteur des poids lourds.

Le chemin de fer est en stagnation si ce n'est en régression depuis 1983, d'une part à cause du recul du transport des marchandises par rail (−9% dans la dernière décennie) et d'une augmentation du transport des marchandises par route (61% des marchandises par tonne/km contre 46% en 1980); d'autre part à cause de l'utilisation accrue de la voiture individuelle (+6,4% contre −6,6% du trafic voyageurs SNCF en 1993 par rapport à 1992).

Toutefois, la France a été le premier pays européen à développer un train à grande vitesse et elle commence aujourd'hui à bénéficier de cet investissement grâce au succès de son TGV. Plus rapide et posant moins de problèmes sur les rails que ses concurrents mondiaux, il est le symbole de la réussite technologique française dans le domaine du transport. Dans le réseau européen de transport à grande vitesse en cours de réalisation, il assume un rôle de pionnier.

Le transport aérien est en plein essor dans le monde développé depuis 1980. Le trafic aérien d'ADP (Aéroport de Paris) a marqué une progression de +6,4% en 1996 par rapport à l'année précédente. C'est une industrie dominée depuis longtemps par les grandes entreprises américaines telles que Boeing et McDonnell Douglas. Avant 1980, aucune entreprise française ni britannique n'était de taille à investir dans ce marché très coûteux. Aujourd'hui, grâce à une coopération technologique et financière entre les grandes entreprises européennes: Aérospatiale en France, MBB et Dornier en Allemagne, British Aerospace en Grande-Bretagne, Casa en Espagne, Fokker aux Pays-Bas et Sonaca en Belgique, l'Europe a pu développer une gamme de jets commerciaux (Airbus) susceptibles de concurrencer les Américains. L'ambition d'Airbus est de devenir le leader des gros porteurs du futur en surpassant Boeing qui projette un 747 avec une capacité de 850 passagers. C'est donc en tant que partenaire d'un véritable projet européen que la France s'assure une place importante dans une industrie dont l'avenir est très prometteur.

L'avenir du transport

Face aux problèmes de circulation, de pollution et de sécurité routière, l'avenir de la voiture privée en tant que moyen de transport urbain s'avère incertain. Que faire donc pour décourager les automobilistes de rouler en ville? Alors qu'en Italie, toute circulation est interdite dans les centres historiques des grandes villes, les pays scandinaves préfèrent le péage urbain. Par contre, les villes allemandes ont privilégié les transports en commun. En France, ce sont Rennes, Nantes et Bordeaux qui ont lancé des projets de réhabilitation de la rue en faveur du piéton et du cycliste. Toutefois, la substitution de la voiture comme moyen d'accès au centre-ville par les transports collectifs ne reçoit pas partout un accueil favorable du public. Ainsi, en 1991, un projet d'utilisation d'un tramway à Brest a été refusé à la suite d'un référendum local. De même, à Reims, la perte d'espace routier qu'aurait occasionnée la mise en circulation d'un tramway s'est avérée inacceptable aux yeux des Rémois.

Pour les trajets de plus de 300 km le train présente de nombreux avantages – rapidité, sécurité, faible pollution, économie d'énergie – qui peuvent favoriser son développement. Le TGV Paris–Lyon a déjà remplacé en grande partie l'usage de l'avion. Il en est de même pour des villes comme Grenoble, Avignon, Marseille et Montpellier, Brest et Bordeaux.

Malgré ses inconvénients, la voiture avec sa facilité d'accès à des endroits peu ou mal desservis par les transports en commun, demeure le choix de nombreux Français qui partent en famille pour couvrir de longues distances.

En dépit de la crise économique et grâce à un soutien momentané du gouvernement sous forme de primes ('balladurette', 'juppette'), l'industrie automobile reste en bonne santé et fournit du travail à plus de 2 millions de personnes. Entre les usagers qui veulent un système de transport public efficace, une industrie qui dépend d'un transport des marchandises économique et les effets des divers moyens de transport sur l'environnement, le gouvernement français a un énorme défi à relever quant à sa politique des transports.

Références

Merlin, Pierre *Les Transports Urbains*, Collection 'Que sais-je?', PUF, (1992).
Wolkowitsch, Maurice *Géographie des Transports* Armand Colin, (1992).
Parentis, Raoul 'Reva, une solution à la circulation urbaine?', *Futuribles International*.
Tableaux de l'économie française 1996–1997, INSEE.
Michaud, Guy et Kimmel, Alain *le nouveau Guide France*, Hachette, (1994).
Le Figaro, (9 octobre 1996).
Le Monde, (31 octobre 1996).
Le Nouvel Economiste, no. 1035, (16/02/1996).

Avez-vous compris?

Vrai ou faux? Cochez la bonne réponse.

	Vrai	Faux
1 L'engorgement des routes et la crise économique n'empêchent pas la croissance du parc automobile.		
2 La France a une politique de centralisation qui exclut les réseaux routier et ferroviaire.		
3 Les citadins préfèrent les transports en commun à la voiture pour se déplacer en ville.		
4 Le développement des transports publics nécessite un investissement lourd.		
5 Le métro est le privilège des Parisiens.		
6 Des pistes cyclables ont été aménagées dans les villes universitaires pour remplacer le métro.		
7 Le transport des marchandises par rail est en déclin.		
8 L'étoile de Legrand est le centre d'un réseau routier.		
9 L'industrie aéronautique est dominée par de grandes entreprises européennes.		
10 Dans l'ensemble, les Français boudent la bicyclette comme moyen de transport urbain.		

Points de réflexion

1 A votre avis, pourquoi y a-t-il des autoroutes à péage en France et pas en Angleterre?

2 Si la population, en France comme dans d'autres pays européens, ne croît plus et si l'essence devient de plus en plus chère, qu'est-ce qui explique que le parc automobile augmente chaque année?

3 Quels sont, selon vous, les meilleurs moyens de réduire les embouteillages dans les grands centres métropolitains?

Activités de recherche

1 Choisissez deux ou trois grandes villes européennes et comparez leur système de transports publics en utilisant les points de repère suivants:

(i)   Les moyens de transport mis en service (autobus, métro, tramway etc.)
(ii) Les plans de métro des villes qui en ont un et les méthodes de tarification (unitaire, selon la distance parcourue, selon les zones etc.)
(iii) Les innovations technologiques
(iv) L'information et la publicité destinées à l'utilisateur sur les différents services proposés.

2 Dressez une liste des innovations techniques ou conceptuelles dans le secteur des transports susceptibles d'être développées d'ici l'an 2010. Quelles sont celles qui vous paraissent les plus crédibles et pourquoi?

3 Les canaux sont-ils encore exploités en France pour le transport des marchandises? Quel est l'avenir pour ce réseau de transport?

B *Texte de compréhension*

POURQUOI PAS DES VELOS DE SERVICE DANS L'ENTREPRISE?

Le vélo revient à la mode et les grèves l'ont réhabilité: de plus en plus de sociétés adoptent une 'stratégie vélo'.

LES GRÈVES de la fin de l'année l'ont montré, le vélo peut encore rendre de vrais services. 'En décembre dernier, une société spécialisée dans l'enseignement des langues nous a même loué des bicyclettes pour permettre à ses professeurs d'aller donner leurs cours!', raconte la gérante d'un magasin de cycles parisien. Certains y auraient tellement pris goût qu'ils les ont achetées ensuite . . .

■ **Arte a déjà investi dans un 'parc' de douze vélos.**
La redécouverte de ce moyen de transport rapide, fiable et peu coûteux a donné des idées à certaines entreprises. Ainsi la chaîne de télévision Arte, installée à Strasbourg, a-t-elle investi dans un 'parc' de douze vélos (plus trois scooters électriques). Ces vélos de service appartiennent à l'entreprise, mais sont mis à la disposition des employés pour qu'ils puissent se déplacer entre les différents sites de la chaîne de télévision. 'Plus ils sont nombreux à utiliser ce moyen de locomotion, plus nous faisons des économies sur les places de parking que nous louons au centre-ville [NDLR: coût de 6000 francs par an]', explique le responsable du service logistique. L'entreprise de chimie suisse Ciba-Geigy a apparemment eu le même raisonnement, qui a proposé une bicyclette à tous les salariés qui renonçaient à leur place de stationnement.

■ **Un bon moyen de renforcer une image 'verte'.**
Ecover, une société belge qui fabrique des lessives sans phosphates et s'efforce de se donner une image 'écolo', incite ses employés à se rendre au travail à bicyclette. Ses 'cyclistes', qui réalisent une moyenne de 9 kilomètres par jour, perçoivent même une indemnité kilométrique quotidienne de 15 francs belges (environ 2,50 francs français)! Mais cette largesse a fait tousser l'administration fiscale, qui ne considère pas les sommes versées comme des remboursements de frais (faute de

justificatifs de dépenses indiscutables comme des factures de carburant . . .), mais comme des primes.

La France est très en retard en matière de promotion de la bicyclette dans le monde professionnel: aux Etats-Unis, dans le cadre d'une loi sur la qualité de l'air, tous les Etats ont élaboré des propositions pour promouvoir des moyens de transport non polluants. Dans l'Oregon, toutes les entreprises sont désormais contraintes de mettre à la disposition de leurs clients et de leurs employés des parkings à vélos. Considérant que les embouteillages urbains entraînaient d'énormes gaspillages, la Confédération de l'industrie britannique (CBI) a lancé en 1994 une campagne intitulée *How to be a cycle-friendly employer* ('Comment être un employeur sympa pour les cyclistes'). La CBI invite ainsi les patrons à leur aménager des locaux (parkings, douches . . .) et à leur verser une allocation spécifique.

■ **Dépense d'investissement ou charge d'exploitation?**
Si vous décidez de constituer un parc de vélos de service, il faut considérer ces achats comme des dépenses d'investissement. En revanche, si vous n'achetez qu'une seule bicyclette, elle peut passer dans les charges d'exploitation (à condition que son prix n'excède pas 2500 francs). Mais parce que le vélo ne transporte pas de marchandises, la TVA ne serait pas déductible (art. 237, ann. 2 du CGI). Déduisez-la pourtant: le fisc ne pinaillera pas . . .

■ **Un Vélo d'or pour les initiatives intéressantes . . .**
En France, le ministère de l'Environnement attribue chaque année un Vélo d'or aux initiatives les plus audacieuses. Mais les candidats ne se bousculent pas: ils étaient seulement six en 1995. Le vainqueur, Sicos, une filiale de L'Oréal installée dans le Nord, se contentait d'offrir un cadeau aux employés qui effectuent le plus souvent leur trajet domicile-travail à bicyclette . . . Et pourtant, que d'avantages une entreprise pourrait tirer d'une vraie stratégie vélo!

'Pourquoi pas des vélos de service dans l'entreprise?' by Benjamin Adjadj, *L'Entreprise*, numéro 129, juin 1996.

Questions sur le texte

1 Comment les professeurs de la société spécialisée dans l'enseignement des langues ont-ils réagi à l'introduction du vélo de service?

2 Quel est l'avantage, selon Arte, du vélo par rapport à la voiture?

3 De quelle manière la société Ecover incite-t-elle ses employés à utiliser un vélo?

4 Quel est l'inconvénient de la substitution de la voiture de service par le vélo?

5 Quelles méthodes sont utilisées aux Etats-Unis pour introduire le vélo dans les entreprises?

6 Et en Angleterre?

7 Comment jugez-vous la façon dont on a accueilli le vélo de service jusqu'à présent en France?

8 Trouvez des équivalences à:

(i)   Le fisc ne pinaillera pas.
(ii) Les candidats ne se bousculent pas.
(iii) Cette largesse a fait tousser l'administration fiscale.

Activités

1 Faites une analyse de l'utilisation des moyens de transport pour vous rendre à votre école/université. Comment les étudiants et le personnel enseignant se déplacent-ils? Pourrait-on introduire une 'stratégie vélo'?

2 **Réunion-débat:** Un tramway pour Neuville-St Jean Les problèmes de circulation routière s'aggravent à Neuville-St Jean, une ville de 100 000 habitants. Les routes qui desservent le centre-ville – un centre historique – sont saturées; il manque également des parkings.

La solution proposée par la région est la construction d'un tramway qui relierait la banlieue au centre-ville, empruntant surtout les routes existantes. Avant de prendre une décision, le conseil général a organisé une réunion entre les représentants des habitants du centre-ville, les commerçants et les responsables des transports en commun de la région. La classe se divise en quatre groupes:

Groupe 1: Vous représentez les responsables des transports en commun. Vous êtes *pour* le tramway, que vous considérez indispensable à une circulation efficace en centre-ville.

Groupe 2: Vous représentez les commerçants. Vous êtes *contre* le tramway qui, selon vous, pertuberait de façon significative la circulation automobile. Vous avez donc peur de perdre vos clients motorisés au profit des commerces installés en banlieue.

Groupe 3: Vous représentez les habitants du centre-ville. Vous êtes surtout concernés par la sécurité routière, le bruit et la pollution en centre-ville. Vous pensez néanmoins que le tramway ne pourrait pas être installé sans la mise en place d'installations anti-bruit et éventuellement de tronçons souterrains, comme à Bruxelles par exemple.

Groupe 4: Vous représentez les élus locaux et vous soulevez le problème du financement d'un tel projet.

3 Faites une liste des critères d'achat selon lesquels on achète une voiture. Interrogez vos camarades de classe et déterminez s'il y a une voiture-type préférée par les étudiants.

4 Thème de discussion: 'La voiture de fonction est une prime indispensable pour recruter de jeunes cadres de qualité.'

C *Grammar*

The past tenses

The imperfect tense – l'imparfait
The perfect tense – le passé composé
The past historic – le passé simple

The imperfect tense

The imperfect tense is used in French:

(i)   To express a continuous process in the past (somebody *was doing* something).

Il pleuvait à torrents alors que je conduisais.
(It was pelting down while I was driving.)

Le TGV faisait sa vitesse de pointe lorsqu'on a déclenché la sonnette d'alarme.
(The TGV was running at maximum speed when the alarm went off.)

(ii)   To express an idea that was true in the past, but is no longer true today, corresponding to the expression 'used to do' or 'used to be' in English.

Dans le temps, je prenais le train de banlieue Nord pour me rendre au travail. Maintenant, j'hésite à cause de la dégradation de la sécurité.
(In the past, I used to take the northern suburban train to go to work. Now I hesitate to use it because of the increased security risk.)

Il y a quelques années, les banlieusards allaient à Paris en voiture. Maintenant, avec le développement du RER, ils utilisent plutôt les transports en commun.
(A few years ago, commuters used to drive to Paris. Today, with the expansion of the RER lines, they prefer to travel by public transport.)

(iii) To say what people or things were like in the past.

Elle était mince et élégante.
(She was slim and elegant.)

(iv)   To describe a state or condition.

Le ciel était couvert de nuages.
(The sky was covered with clouds.)

Les spectateurs étaient trempés jusqu'aux os.
(The spectators were soaked to the skin.)

(v)   To give a person's (or object's) age in the past.

Il avait vingt-deux ans.
(He was 22 years old.)

(vi)   With expressions of time.

Il était dix heures.
(It was ten o'clock.)

(vii)   After verbs like *penser, croire, savoir, être, désirer, vouloir, regretter* in expressions such as:

je (ne) pensais (pas) que . . .
je (ne) croyais (pas) que . . .
je (ne) savais (pas) que . . .

Je savais bien qu'il était urgent de trouver une solution au problème de la congestion du centre-ville.
(I knew it was urgent to find a solution to the problem of congestion in the town centre.)

(viii)   After *si + on* or *nous*, to express a desire, to suggest something.

Il ne pleut plus; si on en profitait pour faire une balade?
(It has stopped raining; what would you say if we went for a ride?)

(ix)   After *si* when a conditional is used in the main clause (*see* Unit 10).

Si les gens conduisaient moins vite, il y aurait moins d'accidents.
(If people drove more slowly there would be fewer accidents.)

The perfect tense

The perfect tense is used in French:

(i)   To describe a completed action in the past.

On a inauguré la ligne de TGV Paris–Lyon en 1981.
(The Paris–Lyon TGV was inaugurated in 1981.)

(ii)   To express a repeated action in the past, the duration of which was limited.

Ce mois-là, j'ai dû prendre l'autobus tous les jours.
(That month I had to take the bus every day.)

(iii)   After expressions such as: *tout à coup, soudain.*

Soudain, il s'est mis en colère et il est parti en claquant la porte.
(Suddenly he became angry and left, slamming the door.)

(iv)   To express an action which occurred at some point in the past (often after *quand, lorsque, au moment où*), during another action/event.

Elle était très jeune lorsqu'elle a eu son accident de voiture qui l'a laissée paralysée.
(She was very young when she had the car accident which left her paralysed.)

La reprise économique ne s'amorçait toujours pas quand les élections ont eu lieu.
(The economic recovery had not yet begun when the elections took place.)

NB: While we use the perfect tense in English to describe actions that started in the past and continue into the present, in French, we use the present tense:

Mes clients sont très fidèles cette année.
(My customers have been very loyal this year.)

The same condition applies to other expressions of time in French (*see* Unit 7).

The past historic

The past historic is seldom used in written French (except in formal letters to diplomats, Ministers, etc. and in formal literary fiction) and has now largely been replaced by the perfect. It is rarely used in business correspondence.

Formation of the perfect tense (*le passé composé*):

Remember that we use *être* in the following situations:

(i) With reflexive verbs: e.g. *se laver, se réveiller, se dépêcher, se raser*. A reflexive pronoun (*me, te, se, nous, vous, se*) accompanies the verb. The past participle agrees with the subject unless a direct object **follows** the verb. It agrees with the direct object if the direct object **precedes** the verb.

> Elle s'est assise à côté du conducteur.
> Ils se sont dépêchés pour arriver à l'heure.
>
> Sandrine s'est fracturé la cheville en faisant du ski.
> Sa cheville? Elle se l'est fracturée en faisant du ski.

(ii) With some verbs of motion or state:

aller/venir	retourner
entrer/sortir	rester
arriver/partir	tomber
monter/descendre	passer (when it means 'to go past/by/through')
naître/mourir	

The past participle of these verbs will always agree with the subject.

> Le train est parti en retard.
>
> Il n'est pas né de la dernière pluie.
>
> Madame Portier est allée chercher notre visiteur à Roissy.
>
> En prenant l'avion, elle est tombée par hasard sur un ancien collègue.

When *passer* has a direct object and means 'to spend', it is used with *avoir*.

> J'ai passé une excellente soirée.

When *monter* and *descendre* have a direct object, they are used with *avoir*.

> Je suis descendue dans le Midi en voiture.
> *But*: J'ai descendu l'escalier quatre à quatre.

In all other situations, we use *avoir*. Here, the past participle only agrees when there is a direct object placed **before** the verb.

> Je n'ai pas encore conduit ma nouvelle voiture.
> Ma nouvelle voiture? Je ne l'ai pas encore conduite.
>
> Nous avons eu de la chance. Il restait encore quelques places.
>
> Elle a dû se dépêcher pour ne pas rater son avion.
>
> Alors, cette lettre? Vous ne me l'avez toujours pas faite?

🎧 Structural exercises

A Point out the exception to the statements, as in the example below:

> Généralement, ils se réunissent tous les lundis.
> Oui, mais ils ne se sont pas réunis lundi dernier.

A vous maintenant

1 Monsieur Blériot part régulièrement dans sa maison de campagne chaque week-end.

2 Les commerciaux suivent des stages de formation tous les semestres.

3 La Société Laglache nous livre habituellement tous les mois.

4 En principe, notre grossiste reçoit les commandes dans son entrepôt toutes les semaines.

5 Normalement, la maison Rouiller nous expédie la marchandise par route tous les trimestres.

B You express your surprise at something which ought to have been accomplished.

> Je vais passer la commande par Minitel.
> Comment? Vous ne l'avez pas encore passée?

A vous maintenant

1 Demain, il va réserver les places en TGV.

2 Tout à l'heure, je vais choisir mon itinéraire pour éviter le blocage des autoroutes.

3 En fin d'après-midi, elle va envoyer ses valises en bagages accompagnés.

4 Le chef de service doit terminer son rapport.

5 Dès que j'aurai le temps, je vais renvoyer la marchandise avariée.

6 Madame Mercier, je m'occupe de prévenir Monsieur Clarence de mon absence.

7 Ce week-end, j'irai au supermarché Cora qui est ouvert pas loin de chez moi.

8 Monsieur Tronchaux part ce soir en déplacement pour une semaine.

9 Demain, nous allons voir le film qui a été primé à Cannes.

10 Samedi, le fils Richaut va au salon de l'automobile.

C You suggest to the speaker doing something that, according to him, you usually do not do.

> On ne part jamais en voiture à l'étranger. (en Italie)
> Et si on partait en voiture en Italie?

A vous maintenant

1 Nous ne prenons jamais le TGV pour descendre sur la côte. (à Nice)

2 Nous n'avons pas encore essayé le tramway. (demain)

3 On ne traverse jamais la Manche en aéroglisseur. (l'été prochain)

4 Nous ne voyageons jamais en Concorde pour aller à New York. (à Noël)

5 Nous ne montons jamais en téléphérique. (pour aller à la Bastide)

D Answer the speaker's questions, comparing this year with last year, in the same way as the examples: choose the correct tense according to the two examples that you are about to hear.

> Cette année, les affaires marchent mal ou bien?
> Elles marchent mal; mais l'an dernier elles marchaient bien.

> Cette année, la conférence annuelle a lieu en Ecosse ou en Angleterre?
> Elle a lieu en Ecosse; mais l'an dernier, elle a eu lieu en Angleterre.

A vous maintenant

1 Cette année, les décisions se prennent à la majorité ou à l'unanimité?

2 Cette année, le congrès se tient en anglais ou en français?

3 Cette année, le pouvoir d'achat diminue ou se maintient?

4 Cette année, les pourparlers se déroulent à Londres ou à Paris?

Written exercises

A Lettre à un ami: mettez les verbes qui figurent entre parenthèses au temps du passé (passé composé/imparfait) requis.

```
Mon cher Jean,

  Je te réponds de Séville où je fais, comme prévu, un court
séjour d'une semaine.
  J'(être étonnée) de recevoir ta carte d'Algérie. Après ce qui
(arriver) je (croire) que ta boîte ne t'y enverrait pas, du
moins pas tout de suite. Ta famille (devoir) pas mal
s'inquiéter. Ta présence (être)-elle vraiment indispensable?
  Ici, la vie (ne guère changer). Beaucoup de touristes;
beaucoup de constructions modernes qui contrastent avec la
vieille ville.
  Hier, c'(être) intenable. 45°! Une vraie fournaise. Pour-
tant, tu me connais, jusqu'à présent je ne (jamais se plaindre)
de la chaleur. Je ne (penser) pas qu'il puisse faire si chaud à
cette époque-là de l'année.
  J'espère que les négociations pour lesquelles tu (se rendre)
en Algérie (se bien passer) malgré les événements. Tu me
raconteras ça à ton retour.

Amitiés


Sylvie
```

B France-Inter, une station de radio française, vous a envoyé(e) sur place pour faire un reportage en direct d'un accident survenu sur l'autoroute du soleil. Celui-ci a eu lieu au petit matin, en plein brouillard et il a fait plusieurs morts et de nombreux blessés graves. Vous vous présentez, décrivez la scène sur le vif, les circonstances de l'accident, l'arrivée de la police et des premiers secours.

Utilisez le temps correct (l'imparfait ou le passé composé) en parlant de ce qui s'est passé.

Voici les notes que le/la journaliste a utilisées pour son reportage.

> autoroute du soleil   direction Lyon   accident circulation grave   tôles tordues
> verre brisé   sang partout   cris   gémissements   gens ahuris   bilan: 11 morts
> dizaines blessés graves   6h du matin   brouillard à couper au couteau
> camions et voitures   vive allure   camion de tête   déraper et se mettre en travers
> autres véhicules suivre de près   se rentrer dedans   carambolage monstre
> scène d'épouvante   police se rendre sur lieux   dégager circulation
> permettre premiers secours arriver

C Put in the appropriate past tense the verbs which are underlined:

1 La privatisation d'Air France <u>ne se passera pas</u> sans douleur.

2 British Airways <u>a</u> un bénéfice imposable de 150 millions de livres sur le premier trimestre de l'année 1996–1997.

3 Le gouvernement <u>envisage</u> de donner la priorité à l'emploi plutôt qu'aux problèmes de l'environnement. Une telle décision <u>ne manquera pas</u> d'avoir une répercussion sur la politique des transports.

4 Le nouveau Pdg de la SNCF <u>pense</u> que la globalisation des marchés <u>peut</u> être compatible avec une politique industrielle nationale.

5 L'amélioration des résultats des filiales de British Airways, telles que sa filiale française TAT, <u>s'explique</u> par une augmentation du trafic.

6 US AIR <u>dénonce</u> le projet d'alliance entre British Airways et American Airlines et <u>annonce</u> qu'elle <u>va poursuivre</u> les deux compagnies en justice.

7 La mise en circulation d'Eurostar <u>se solde</u> par une guerre des prix sur la ligne Paris–Londres. Pour le consommateur, cette bataille de la Manche <u>présente</u> un intérêt appréciable, celui de la baisse des tarifs.

8 <u>Il faut bien</u> qu'Air France se soumette à la déréglementation aérienne et aux lois du marché.

9 Les Américains <u>proposent</u> des vols aller-retour Paris–New York à des prix hypercompétitifs. Mais <u>ce sont</u> des tarifs promotionnels.

10 Go Voyages, soldeur de billets d'avions et filiale d'Air France, <u>subit</u> la politique commerciale agressive de sa maison mère. Elle <u>perd</u> de l'argent et <u>se voit</u> contrainte d'annoncer qu'elle <u>va cesser</u> ses activités.

D *Business language skills*

La pratique de la présentation orale

Dans le monde des affaires comme dans le monde estudiantin, on a souvent besoin de présenter ses idées oralement. Si le contenu, le style et la longueur de la présentation varient selon l'auditoire, certains principes restent les mêmes.

Une bonne présentation orale:

- a une structure claire et facile à suivre;
- est adaptée à son auditoire;
- est illustrée d'exemples et soutenue par des supports visuels;
- est naturelle et donne l'impression que le présentateur connaît bien son sujet;
- suscite l'intérêt du public qui vous posera des questions sur certains détails ou sur des points que vous n'aurez peut-être pas abordés. Une préparation minutieuse est donc indispensable à un exposé.

Avant l'exposé

1 Préparez un dossier sur le sujet à présenter de façon à avoir confiance en vous lorsque vous ferez face à votre public.

2 Sélectionnez, en fonction de l'auditoire, les éléments susceptibles de mieux les intéresser. Il s'agit donc d'éliminer et de trier l'information.

3 Ecrivez une introduction qui accroche votre auditoire. Expliquez pourquoi vous avez choisi le sujet et la façon dont vous allez traiter le thème.

4 Classez vos arguments dans l'ordre où vous voulez les présenter. Enoncez une idée à la fois. Faites-en une analyse en donnant des arguments et contre-arguments, le tout soutenu par des exemples.

5 Rédigez une conclusion. Celle-ci récapitule l'essentiel et indique ce que l'exposé voulait apporter.

6 Les supports écrits: résumez vos notes sur des fiches cartonnées et uniquement au recto. Soulignez au feutre fluorescent les idées-maîtresses, les mots clés, les titres, les sous-titres. Ecrivez en grosses lettres.

S'il vous est difficile de faire un résumé, rédigez un texte intégral, et soulignez les passages importants. Rédigez entièrement votre introduction et votre conclusion sur des fiches séparées. N'oubliez pas que vous devez communiquer avec votre public. Ne lisez en aucun cas votre texte mot à mot. Regardez votre auditoire le plus souvent possible.

7 Les supports visuels: utilisez un rétroprojecteur si vous en avez un à votre disposition. Le nombre de transparents dépend du temps qui vous est imparti. Pour une présentation d'une dizaine de minutes, deux suffisent. Ceux-ci ont le même usage pour votre auditoire que les passages soulignés au feutre fluorescent de vos fiches cartonnées pour vous-même. Ils servent de rappel à l'idée présentée. N'y mettez donc que les titres, les sous-titres, les mots clés, les définitions (si vous en avez). Si vous souhaitez fournir une information plus détaillée, distribuez des photocopies d'un texte que vous aurez rédigé.

Employez, si besoin est, un très court passage d'une bande vidéo ou audio pour illustrer un point précis de votre argumentation.

8 Entraînez-vous. Comme pour toute compétence linguistique, la présentation orale s'apprend par la pratique. Faites donc un premier essai devant des amis pour être sûr de dominer votre sujet, de connaître les transitions et la manipulation de vos supports écrits et visuels, et finalement, de respecter le temps qui vous est imparti.

Pendant la présentation

Vous devez vous imposer, convaincre, utiliser les ressources de la parole, graduer. La voix est donc un élément important de votre présentation. Sachez l'employer en articulant bien, en variant le ton, en soulignant le plan, les articulations, en marquant des pauses. Projetez votre voix vers l'auditoire et évitez de parler dans votre barbe. Ne tournez jamais le dos au public, ne serait-ce que pour indiquer un détail figurant sur l'écran.

Bref, montrez que vous êtes à l'aise.

La présentation en équipe

Avant l'exposé

1 Une préparation minutieuse est également indispensable. La seule différence est le partage des tâches et la cohérence de l'ensemble.

2 Choisissez un chef de groupe qui répartira le travail de recherche entre les différents membres de l'équipe et assurera la cohérence de l'exposé.

Pendant l'exposé

1 Lors de l'introduction, le chef de groupe présentera les divers intervenants, annoncera à quel moment ils parleront et expliquera quelle partie du sujet ils traiteront.

2 L'alternance des intervenants se fera de façon naturelle et sera à chaque fois annoncée par le présentateur précédent.

3 Le chef de groupe assurera la conclusion.

Activités

 1 Ecoutez la bande de la présentation de Christine Tailleur sur le transport. Posez-vous les questions suivantes sur:

- **L'introduction:** comment est-elle exposée? Pour quelles raisons le sujet a-t-il été choisi? Comment le sujet est-il abordé?
- **La structure:** comment est-elle structurée? Pourrait-elle l'être différemment, et si oui, comment?
- **Le style:** quels sont les termes employés (simples, techniques, obscurs, savants ...)? L'oratrice cherche-t-elle à être pompeuse, éloquente, convaincante? Quel est le public visé?
- **L'argumentation:** comment se présente-t-elle? Quelle technique est utilisée pour renforcer les arguments?
- **Les exemples:** Où apparaissent-ils? Quel est leur rôle?
- **La voix:** Quels sont les moyens vocaux employés pour empêcher la monotonie?

 2 Divisez la classe en équipes de 2/3 étudiants. Faites-leur faire une présentation orale sur:

(i) la voiture électrique, le moyen de locomotion urbain du futur?

(ii) le transport des marchandises par train plutôt qu'en camion.

Filmez-la avec un caméscope (si votre établissement en possède un), sinon, enregistrez-la sur bande.

Projetez/écoutez cette présentation et faites-en une analyse constructive, d'après les conseils proposés.

Unit **7**

LA GRANDE DISTRIBUTION

A *Texte d'introduction*

On assiste depuis la deuxième moitié du XXème siècle en France à une modification des habitudes d'achat et des rapports entre les consommateurs et les commerçants. Plusieurs facteurs ont contribué à ces changements. On peut citer en particulier: l'urbanisation (le dépeuplement des campagnes au profit des villes); l'augmentation de la consommation grâce à une amélioration du niveau de vie; le parcours des distances permettant d'accéder aux supermarchés de la périphérie facilité par l'usage de la voiture; l'accélération du rythme du travail; le pourcentage accru de femmes cadres ayant moins de temps à consacrer aux courses; la généralisation des technologies avancées (automatisation, informatisation, transport des marchandises périssables dans des compartiments réfrigérés); l'internationalisation croissante des achats avec pour conséquence une concurrence intensive. Il en résulte un phénomène de concentration, tant des entreprises productrices que distributrices. Ces dernières

finissent par atteindre des tailles impressionnantes (16 000 m² pour le Continent de Marseille, 24 000 m² pour le Carrefour de Porte-Sur-Garonne). Edouard Leclerc a donné, non sans peine, le coup d'envoi de la distribution moderne en 1949 avec son 'épicerie' en libre-service. Dépourvue du confort des magasins traditionnels et de l'accueil de vendeurs spécialisés, elle fournissait sa marchandise à des prix très concurrentiels. Il s'en est suivi une explosion de ce genre de vente et un déclin de l'épicier du coin où tout Français allait faire ses achats régulièrement, demandait des conseils sur tel ou tel produit et échangeait des propos sur le dernier né de la famille.

Qu'est-ce que la distribution?

Ce sont les structures et les moyens dont dispose le fabricant pour commercialiser ses produits sur le marché. Il choisit ses circuits de distribution en fonction du développement des ventes de ses articles et de la demande existante. Voici les différents circuits possibles:

Les circuits directs tels la VPC (*vente par correspondance*). Le producteur vend directement au client final qui choisit sur catalogue et passe ses commandes par courrier, par téléphone ou par Minitel. Ce système de distribution se voit de plus en plus dans les secteurs de l'habillement et de l'électroménager. La VPC se porte bien et essaime partout dans l'Hexagone avec, entre autres, la Redoute et les Trois Suisses. Cette forme de vente comptait pour 2,6% du commerce de détail en 1994.

Les circuits indirects courts qui comportent un intermédiaire, à savoir un réseau de détaillants qui vendent au consommateur.

Les circuits indirects longs qui comprennent un intermédiaire de plus: le grossiste. Celui-ci sélectionne l'assortiment de la marchandise, en assure le stockage après l'avoir achetée en très grandes quantités de façon à obtenir d'importants rabais des fabricants, puis la revend aux détaillants. Si bien que se détachent les schémas suivants:

- Circuit direct: producteur-consommateur;
- Circuit indirect court: producteur-détaillant-consommateur;
- Circuit indirect long: producteur-grossiste-détaillant-consommateur.

Tout comme le petit commerçant, le grossiste a subi le contrecoup du développement de la technologie, de la consommation de masse, du libre-service et des grandes surfaces, notamment dans le secteur alimentaire. C'est ainsi qu'a eu lieu entre 1960 et 1987 une baisse du nombre d'établissements de gros, en même temps que se multipliaient les concentrations et que s'effectuaient des rapprochements entre les deux fonctions de gros et de détail.

La structure du commerce

1 *Le commerce intégré* cumule les fonctions de grossiste et de détaillant. Il se compose d'établissements à politique commerciale homogène, parmi lesquels:

Les coopératives de consommateurs, fondées par les consommateurs au milieu du XIXème siècle, sur le modèle anglais de Rochdale, dans le but de s'approvisionner eux-mêmes aux meilleurs coûts (l'enseigne *Point Coop*). Elles sont regroupées dans la FNCC (Fédération Nationale des Coopératives de Consommateurs).

Les magasins à succursales multiples, constitués à la même époque à Reims. D'abord spécialisés dans l'alimentaire, ils se sont diversifiés par la suite. Ce sont des chaînes de magasins qui vendent les produits spécialisés d'une même société (par exemple, les chaussures: Raoul, André, Bally; l'habillement: Armand Thierry, Les 100 000 Chemises), ou bien des produits diversifiés. Ils ont un entrepôt centralisé, une gestion commune, mais une maîtrise des ventes individuelle.

Les grands magasins ont une surface de vente énorme et vendent au moins cinq catégories d'articles (en fait une grande variété) dans des rayons spécialisés notamment dans le non-alimentaire. D'abord implantés dans le centre-ville, ils ont maintenant aussi des filiales en banlieue (comme par exemple le Printemps, les Galeries Lafayette).

Les magasins populaires ont été créés par les chaînes de grands magasins dans les années 30 sur le modèle de vente à prix unique inventé aux Etats-Unis. En principe, 50% de leur CA est dans le non-alimentaire (Monoprix, Prisunic).

2 *Le commerce associé* est formé de partenaires juridiquement indépendants mais qui s'approvisionnent, livrent et stockent en commun pour réaliser des économies d'échelle. Les partenaires peuvent quitter une association et en joindre une autre si c'est leur intérêt. Il comporte:

- Les coopératives de détaillants
- Les chaînes volontaires (créées par les grossistes)
- Les groupements d'achats
- Les franchisés. Ce sont des détaillants qui ont un contrat commercial avec le franchiseur. Celui-ci les autorise à utiliser sa marque en échange d'une redevance. Ils gardent leur indépendance juridique mais ont une politique commerciale coordonnée (par exemple: Rodier, Benetton, le Body Shop).

3 *Le commerce indépendant* est formé de détaillants dont les adhérents gardent leur indépendance. On les trouve dans l'alimentaire comme dans le non-alimentaire.

Evolution vers le gigantisme: la grande distribution à l'heure actuelle

Elle recouvre plusieurs types d'entreprises qui sont donc intégrées, associées ou indépendantes. Elles peuvent soit être anciennes et s'être développées en rachetant d'autres entreprises ou en agrandissant leur surface de vente; soit relativement récentes.

Dans le secteur des grands magasins et magasins populaires mentionnés plus haut, on distingue trois grands groupes: Au Printemps-Prisunic; Les Galeries Lafayette-Monoprix; Les Nouvelles Galeries-Le BHV.

Parmi les succursalistes et les grandes surfaces, on trouve:

1 Des groupes comme Promodès ou Casino qui ont conservé un réseau de petites unités tout en se lançant dans la voie des grandes surfaces, situées à la périphérie des villes.

2 Les indépendants (Leclerc, Intermarché) qui fournissent leur enseigne et leur service à des adhérents.

3 Les grandes surfaces (Carrefour, Auchan) créées en tant que telles à l'origine et qui n'ont cessé de prendre de l'extension. Les hypermarchés comportent une surface de vente d'au moins 2500 m^2, les supermarchés, entre 400 et 2500 m^2. Après avoir subi la concurrence du *hard discount* venu d'Allemagne (Lidl, Aldi) elles s'y sont mises, telle Carrefour sous l'enseigne Erteco. On assiste à l'heure actuelle à l'expansion du hard dont les prix bas sont attribuables au confort tout spartiate des magasins, à l'instar des premiers Leclerc. Leur parc est passé de 243 magasins en 1990 à 1791 en 1996.

Parmi les GMS (Grandes et Moyennes Surfaces) spécialisées, sont en plein essor: la FNAC (librairie, disques, radio, tv, hi-fi, appareils-photo), Darty (électroménager), Conforama, Ikea (meubles), Castorama (bricolage), Decathlon, Go Sport (sports). Celles-ci tirent à la hausse la densité commerciale moyenne.

Les grandes enseignes du détail intègrent depuis plusieurs années les approvisionnements en adhérant à des centrales d'achat, voire des supercentrales d'achat (ARCI, DI-FRA, etc.). Par leur taille et leur puissance, celles-ci réussissent à imposer des rabais énormes aux producteurs sous peine de déréférencer leurs produits (ne plus stocker leurs produits). C'est ainsi que les grandes surfaces parviennent à vendre à des conditions nettement meilleures que celles des petits commerçants.

102

Des pouvoirs publics anti-grandes surfaces

Sous la pression des petits commerçants, la loi d'orientation du commerce et de l'artisanat, appelée loi ROYER, a été votée en 1973. Elle avait pour but de limiter la prolifération des grandes surfaces initialement encouragée par le gouvernement, d'empêcher l'abus de position dominante et de protéger les petits commerçants qui voyaient leur part de marché diminuer de façon alarmante. Celle-ci stipulait que pour pouvoir ouvrir des magasins de plus de 1000 m^2 il fallait une autorisation préalable des CDUC (Commissions Départementales d'Urbanisme Commercial) composées à 50% d'artisans et de petits commerçants. Cette loi a provoqué une levée de boucliers. Elle n'a guère empêché l'implantation des grandes surfaces, elle l'a tout au plus freinée. La loi Royer a subi plusieurs modifications, sous la forme de la loi Sapin (1992) puis de la circulaire Madelin de 1993. L'autorisation d'ouverture appartient désormais aux CDEC (Commissions Départementales d'Equipement Commercial) dont les membres sont des magistrats. Malgré ces mesures, le nombre de supermarchés est passé de 2734 en 1972 à 5912 en 1987 et 7306 en 1996; celui des hypermarchés de 209 en 1972 à 694 en 1987 et 1074 en 1996. Et si l'on compare la part de marché du grand commerce et du petit et moyen commerce en France, elle est passée de 33,4% en 1970 à 63,8% en 1994 pour la première et de 53,2% à 23,9% pour la deuxième. Le gouvernement a donc décidé de 'napalmiser' les grandes surfaces, selon l'expression prêtée à Jacques Chirac, avec la parution de la loi Raffarin (1996). Celle-ci n'est autre qu'un durcissement de la loi Royer. Elle comporte:

- un abaissement du seuil d'autorisation d'ouverture à 300 m^2;
- la nécessité d'une enquête publique, avec des retombées positives sur l'emploi, pour des surfaces de plus de 6000 m^2;
- une modification de l'ordonnance de 1986 sur la liberté des prix, avec l'interdiction de vendre à des prix bradés.

L'expansion des grandes surfaces signifie-t-elle le glas du petit commerce?

Là encore il faut considérer les mutations que subit l'Hexagone, en particulier l'évolution démographique. On remarque une tendance à la baisse de la natalité et un vieillissement de la population. Or, les plus de 60 ans supportent difficilement les attentes aux caisses, la plaie des grandes surfaces, et préfèrent se rendre à pied au magasin du coin dont la clientèle était évaluée à 15 millions de personnes en 1992[1]. Il existe donc un créneau porteur d'avenir pour ce type de commerce. A condition qu'il s'adapte à ce genre de consommateurs (à savoir qu'il procure un assortiment varié, un accueil chaleureux, des heures d'ouverture adéquates) et avec l'aide de la loi Raffarin, on prévoit un arrêt de la chute du petit commerce.

Promodès, d'une part, a saisi la balle au bond avec ses formules Codec en centre-ville résidentiel, Shopi en banlieue et 8 à Huit en zone urbaine. Les Maghrébins, d'autre part, ont fait une percée remarquable. Ils tiennent des magasins familiaux de 80 m^2 de surface, avec un assortiment énorme par rapport à leur taille. Par ailleurs, ils sont ouverts de 7h à 22h et s'approvisionnent dans les *cash and carry* pour obtenir de meilleures conditions d'achat.

L'avenir

Jusqu'à présent, les diverses lois n'ont pas réussi à endiguer la marée des grandes surfaces. Demeurées utilitaristes – tout sous un même toit, tout pour les différents besoins, discount

[1] *LSA (Libre Service Actualité)*, 23 avril 1992.

et libre-service – et malgré l'inconvénient des queues aux caisses, de l'absence de conseil et de vendeurs, elles n'ont rien perdu de leur attrait. 51% des personnes interrogées lors d'un sondage effectué en 1996 pour LSA ont déclaré vouloir faire leurs courses dans un hypermarché, 34% dans un supermarché et seulement 4% dans un petit commerce.

Loi Raffarin oblige, les géants de la distribution ne voient pas leur expansion en France et pensent délocaliser. Ainsi Carrefour prévoit-il trente ouvertures dans l'année dans des pays à croissance forte (l'Amérique latine et l'Asie).

Il n'en demeure pas moins que le paysage commercial français présente un large éventail de choix et que chacun y trouve son compte, dans le petit magasin du coin comme dans l'hypermarché excentré.

Références

Kerrad, Michèle et Brochard, Marc *Grande Distribution Mode d'Emploi*, Chotard et Associés Editeurs, (1990).

Chirouze, Yves *La Distribution*, Chotard et Associés Editeurs, (1986/1990).

Tableaux de l'économie française 1996–1997, INSEE.

LSA no. 1399 (26/05/1994); 1424 (15/12/1994); 1425 (22/12/1994); 1446 (25/05/1995); 1447 (1/06/1995); 1458 (21/09/1995); 1473 (4/01/1996); 1478 (8/02/1996); 1512 (7/11/1996).

'Les marques de distributeurs montent en gamme', *Capital*, (novembre 1994).

'Hypermarchés: le gouvernement veut sanctionner la vente à perte', *Le Nouvel Economiste*, no. 1037, (1/03/1996).

'Les mesures les plus coûteuses du plan', *Les Echos*, (28/11/1995).

'Juppé décrète le gel des grandes surfaces', *Libération*, (26/11/1995).

Avez-vous compris?

Vrai ou faux? Cochez la bonne réponse.

		Vrai	Faux
1	Le changement des habitudes d'achat des Français est dû, entre autres, à l'exode rural.		
2	Les hard discounters vendent à des prix très concurrentiels à cause de leur inconfort.		
3	Les grands magasins sont situés uniquement dans les centre-villes.		
4	Les concentrations du commerce de gros sont dues au développement du libre-service et des grandes surfaces.		
5	La VPC affiche une bonne santé en France.		
6	La loi Royer a empêché l'essor des grandes surfaces.		
7	Malgré la croissance des hypermarchés, les Français préfèrent faire leurs courses chez les petits commerçants.		
8	La loi Raffarin confie aux CDUC le soin d'autoriser les ouvertures de magasins.		
9	L'ordonnance de 1986 porte sur la liberté des prix et la concurrence.		
10	Il est interdit de vendre à perte.		

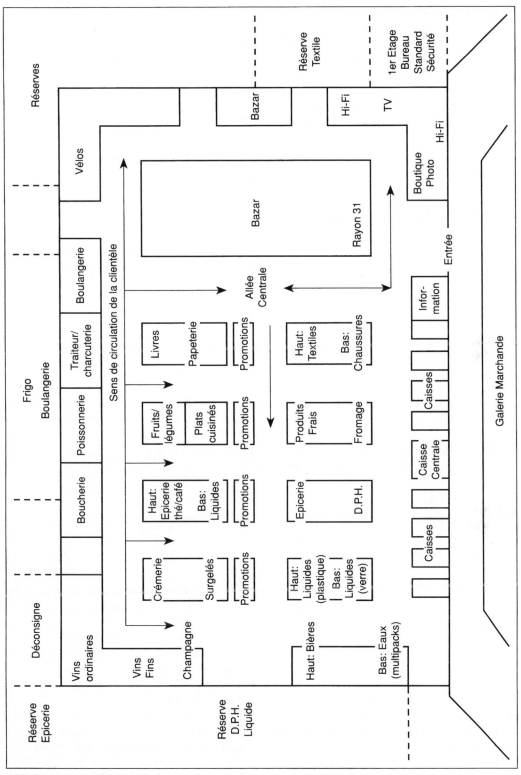

Plan d'un hypermarché

Points de réflexion

1 En Angleterre aussi, nous avons vu l'expansion des grandes surfaces au détriment du petit commerce. Regrettez-vous la disparition de l'épicier du coin? Est-il possible de faire machine arrière?

2 Quelle importance attribuez-vous au service – l'accueil, le confort – du magasin? Ou est-ce uniquement le prix qui compte?

3 En France, 77% des ventes de pain se font toujours dans les boulangeries. Pourquoi?

Activités de recherche

1 Observez le plan de l'hypermarché illustré (p. 105). Commentez son organisation spatiale en réfléchissant en particulier à l'emplacement des produits suivants par rapport à la porte d'entrée, la hauteur sur les rayons, les caisses à la sortie:

- les boissons;
- les fromages et la charcuterie;
- le thé, le café;
- les fruits et légumes;
- les articles en promotion.

2 Faites l'historique du groupe Leclerc, en expliquant les raisons de sa réussite dans la grande distribution.

3 Quels sont les avantages et les inconvénients, et pour les clients et pour la société, de l'installation d'un hypermarché en banlieue?

B *Texte de compréhension*

QUAND CARREFOUR CROISE LES BOURIEZ

Si Philippe Bouriez n'a pu empêcher sa famille de céder 41% de la société Cora à Carrefour, il est bien décidé à ne pas laisser filer ce qui lui reste. Et à trouver le chevalier blanc qui lui permettra de préserver l'indépendance de son enseigne.

'Philippe Bouriez n'a plus qu'à laisser monter les enchères!' Dans le monde de la distribution, on ricane de la position défensive adoptée par le patron lorrain alors que Carrefour détient désormais 41,4% du capital de la société familiale. Car c'est bien dans une guerre d'usure que s'est lancé Philippe Bouriez, qui persiste et signe: 'La cession s'est faite à mon insu et sans que le reste de la famille ne se voie proposer les titres.' Pourtant, en 1991, alors que certains actionnaires familiaux prenaient des contacts ici ou là, la rumeur mariait déjà Cora à Carrefour. L'année suivante, c'était Auchan le prétendant. Mais, depuis l'OPA du groupe de Gérard Mulliez sur Docks de France, Carrefour avait repris la corde. Difficile alors de croire que Philippe Bouriez n'était pas au courant de ce qui se tramait dans sa famille. Est-ce simplement l'attrait d'une belle plus-value financière qui a fait 'craquer', selon le mot de Philippe Bouriez, son frère aîné Michel et sa soeur Anne-Marie, qui ont cédé respectivement 33,34% (pour 2,5 milliards de francs) et 8% (pour 700 millions de francs) du capital de l'enseigne fondée par leur père André Bouriez? Difficile de démêler le faux du vrai, tant cette famille lorraine cultive l'art du secret. Pour un spécialiste du secteur, 'l'histoire se répète: comme les Deroy et les Toulouse, chez Docks de France, les actionnaires de Cora n'ont pas résisté à la tentation de céder les bijoux de famille, alors que les titres de la grande distribution ne cessent de se valoriser'. Avant de vendre ses parts à Carrefour, Michel Bouriez a d'ailleurs fait le tour de la concurrence, allant d'abord voir Paul-Louis Halley chez Promodès, puis Gérard Mulliez chez Auchan. Ce dernier, trop occupé à digérer Docks de France, avait décliné l'offre, tout en prévenant Philippe Bouriez de l'initiative de son frère aîné ... Outre la perspective de s'offrir un joli cadeau de Noël, il semble qu'il y ait également eu chez les cinq frères et soeurs Bouriez quelques divergences quant à la stratégie à mener chez Cora. Depuis longtemps déjà, des rumeurs faisaient état de la volonté d'une partie des actionnaires de se renforcer dans le luxe, où Cora est présent avec les fourrures, les parfums Revillon et Caron, au détriment des hypermarchés Cora et des supermarchés Match. 'Une orientation qui n'était pas du goût du frère cadet Philippe, le PDG du groupe, qui a toujours tenu à maintenir ce double cap chez Cora, et dont le fils François dirige aujourd'hui la filiale des supermarchés', affirme un fidèle fournisseur.

Le 'superbe isolement' en danger

Reste que les actionnaires de Cora ne pouvaient pas ignorer le mouvement de concentration qui s'accélère en France depuis le gel des grandes surfaces décrété par le gouvernement il y a un an. 'Avec une taille moyenne, 56 hypermarchés et 144 supermarchés réalisant près de 35 milliards de chiffre d'affaires, il devenait difficile pour Cora de rester indépendant', souligne un analyste financier. 'D'autant que l'enseigne détient une position très enviée dans le nord-est de la France. Tôt ou tard, son superbe isolement devait craquer.' A Carrefour, on adopte un profil bas. 'On fait des propositions et on attend', souligne

la direction. Côté Cora, on fourbit les armes. Devant les directeurs des hypers réunis à la hâte, le patron de Cora a tenu à réaffirmer qu'il tenait, avec son frère Jacques, directeur général, la majorité du capital solidement verrouillée et qu'ils demeuraient tous deux garants de l'indépendance de l'enseigne. 'Plusieurs financiers français et étrangers nous ont approchés pour nous proposer leur appui', renchérissait-il par la suite, tout en affirmant avoir 'réactivé des contacts avec des concurrents'. Qui pourrait prêter main-forte à Cora? Auchan, Promodès? 'Le premier doit déjà gérer un lourd investissement avec Docks. Quant à Paul-Louis Halley, il n'est pas sûr qu'il veuille jouer le chevalier blanc face à Carrefour', souligne un concurrent.

Pour l'heure, c'est donc Carrefour qui semble avoir les cartes en main. Avec la minorité de blocage, l'enseigne de Daniel Bernard peut certes bloquer les décisions stratégiques du groupe en menant la politique de la chaise vide. Mais le raider et la cible n'auraient-ils pas plutôt intérêt à tabler sur la mise en place de synergies entre deux enseignes dont la complémentarité géographique est évidente?

'Quand Carrefour Croise Les Bouriez' by P. Damour, *Le Nouvel Economiste* numéro 1070, 24.12.1996.

---

guerre d'usure war of attrition
O.P.A. (Offre Publique d'Achat) takeover bid
cession sale or transfer of shares
sans que (elle) ne se voie proposer les titres without realizing they were giving up their shares
reprendre la corde to take up the initiative
des rumeurs faisaient état rumours suggested that
se renforcer dans le luxe to concentrate on the range of luxury goods
double cap dual portfolio
gel halt (on expansion)
verrouillée protected
prêter main-forte to come to the rescue
jouer le chevalier blanc to play the white knight, i.e. to protect them from an unwelcome takeover
minorité de blocage blocking minority
tabler sur to bank on

Questions sur le texte

1 Quelle est la position de Philippe Bouriez vis-à-vis de l'offre de Carrefour?

2 Selon l'article, savait-il que son frère et sa soeur allaient vendre leurs parts dans l'entreprise?

3 Pourquoi Michel et Anne-Marie ont-ils cédé leurs actions?

4 Quelle différence y a-t-il entre les frères et soeurs Bouriez quant à la stratégie de l'entreprise?

5 Quelle a été la conséquence du gel des grandes surfaces en France?

6 Pourquoi Auchan et Promodès ne veulent-elles pas acheter des parts de l'entreprise Cora?

7 Qui sont 'le raider et la cible'?

8 Trouvez des équivalences à:

   (i)   Une belle plus-value financière a fait craquer son frère aîné.
   (ii)   Céder les bijoux de la famille.
   (iii) On fourbit les armes.

Activités

1 Petit commerçant ou hypermarché? Expliquez à vos camarades pourquoi vous préférez faire vos achats dans l'un ou l'autre type de magasin.

2 (En groupes de trois ou quatre). Vous êtes responsables de marketing dans un grand magasin à Lyon. Selon une enquête récente sur les habitudes d'achats, trois groupes de clients sont particulièrement susceptibles de quitter les grands magasins urbains pour faire leurs achats dans les hypermarchés en dehors de la ville. Ce sont notamment les jeunes familles, les femmes cadres et les touristes.

Trouvez des méthodes pour attirer à nouveau chacun de ces groupes de clients, en dressant une liste d'idées sous les rubriques suivantes: la gamme de produits; le service; les méthodes de paiement; la publicité.

3 Débat – ouverture d'un hypermarché. La classe s'organise en trois groupes. A la suite de la proposition pour un nouveau centre Intermarché dans un quartier défavorisé de Neuville-sur-mer, la mairie a organisé une réunion avec des représentants des résidents locaux, le groupe Intermarché et le syndicat des petits commerçants de la commune.

Groupe A: Vous représentez les habitants de la commune. Vous défendez la position des riverains du quartier, et donnez des arguments pour ou contre la proposition.

Groupe B: Vous jouez le rôle de la direction d'Intermarché, qui va défendre la proposition en expliquant ses avantages pour les résidents, pour la commune et pour l'environnement.

Groupe C: Vous représentez les petits commerçants qui se sentent menacés par le projet Intermarché. Vous avez à persuader la mairie qu'un centre Intermarché à Neuville ne sera pas dans l'intérêt de la commune.

Le rôle du/des représentant(s) de la mairie peut être joué soit par le professeur, soit par d'autres étudiants.

4 Quelles sont, selon vous, les caractéristiques essentielles d'un magasin de qualité? Dressez une liste des 'facteurs de réussite' du magasin d'aujourd'hui.

 5 Ecoutez l'entrevue avec Monsieur Zimmermann. Quelles sont, selon lui, les conséquences du développement de la grande distribution en France sur le petit commerçant, le consommateur et l'économie française?

C *Grammar*

Expressions of time

> Depuis
> Depuis que
> Voici, voilà, ça fait . . . que
> Il y a, il y a . . . que
> Venir de

'Has been', 'had been'

(i) We use the **present tense** in French to describe an action that started in the past and continues in the present. This idea is expressed in English by using 'has been'.

Il attend l'autorisation d'agrandir sa surface de vente depuis longtemps.

We can express the same idea using *il y a, ça fait, voici* or *voilà . . . que*:

Il y a
Ça fait } longtemps qu'il attend l'autorisation
Voici } d'agrandir sa surface de vente.
Voilà

(ii) Where the action starts in the *remoter* past and continues in a nearer past, as in the English expression: 'He had been doing something (when something else happened)', we use the **imperfect tense** in French:

Il m'attendait à l'aéroport depuis une heure lorsque l'avion à enfin atterri.
(He had been waiting for me at the airport for an hour when the plane finally landed).

(iii) When describing past actions with consequences in the present, we use the **perfect tense**:

Il est parti en France pour son travail depuis trois semaines.
(He has been in France on business for three weeks.)

Monsieur Boiron n'est plus dans mon service. Je ne l'ai pas vu depuis six mois.
(Monsieur Boiron is no longer in my department. I have not seen him for six months.)

Depuis, il y a

(i) *Depuis* and *il y a* by themselves introduce a period of time: *depuis trois semaines, il y a un an*, etc. To describe something in terms of an action in the past, we need *que* which introduces the verb, thus:

> Il a beaucoup changé depuis qu'il est devenu chef de rayon.
> (He has changed a lot since he became departmental supervisor.)

But note that the **present tense** is used if the information is still true in the present.

> Depuis qu'il est responsable des relations publiques, il vient au travail en costume.
> (Since he has been in charge of public relations, he has come to work in a suit.)

(ii) *il y a* is only used with a past tense. It means 'ago'.

> J'ai rencontré Mademoiselle Mercier à Lyon il y a trois semaines.
> (I met Miss Mercier in Lyons three weeks ago.)

> Il paraît que l'entreprise a fusionné il y a huit jours.
> (It appears that the company merged a week ago.)

Venir de

Venir de is used with an **infinitive** to indicate an action or an event which took place recently, or shortly before another event in the past. *Venir* is then only found in the present or imperfect tense, and means respectively 'have just done something' and 'had just done something'.

> Est-ce-que Monsieur Girond est dans son bureau? Non, il vient de se rendre à une réunion.
> (Is Mr Girond in his office? No, he has just gone to a meeting.)

> Le directeur venait de prendre sa décision quand les clients sont arrivés.
> (The director had just made his decision when the clients arrived.)

🔲 Structural exercises

A One way of asking, in French, how long something has been going on is to use the expression *depuis longtemps*. Answer the questions as in the example.

> La compagnie française de chemiserie commercialise en hyper des chemises raffinées depuis longtemps? (des mois)

> Ça fait des mois qu'elle commercialise en hyper des chemises raffinées.

A vous maintenant

1 La loi Royer existe depuis longtemps? (une vingtaine d'années)

2 Les GMS gagnent des points au détriment des traditionnels depuis longtemps? (trois ans)

3 Les produits régionaux souffrent d'un manque de communication depuis longtemps? (des années)

4 On impose des quotas aux pêcheurs en Europe depuis longtemps? (un bon nombre d'années)

5 Le réseau de franchise de la chemiserie Cacharel connaît un développement spectaculaire depuis longtemps? (deux ans)

6 L'équipement des ménages connaît une progression remarquable depuis longtemps? (vingt ans)

7 Le magnétoscope constitue une révolution considérable depuis longtemps? (six ans)

8 L'étiquette électronique de gondole est une alternative à l'étiquetage traditionnel depuis longtemps? (peu de temps)

9 La salade en sachet représente un grand pourcentage du marché des légumes depuis longtemps? (un an et demi)

10 Les jouets d'après les séries télévisées sont largement distribués en hypers depuis longtemps? (dix ans)

B The speaker asks about something that has just been carried out. Reply, as in the example.

> Vous m'avez terminé la lettre de réclamation?
> Oui, je viens de la terminer.

A vous maintenant

1 Nicole a passé sa commande sur Minitel?

2 Vous avez envoyé votre candidature pour le poste de chef des ventes?

3 On nous a livré les caisses de champagne rosé?

4 Votre enseigne a obtenu l'autorisation de construire?

5 Dans votre entreprise, la gestion des stocks est informatisée?

6 Il paraît qu'ils ont ouvert des succursales en province?

C You answer somewhat suprised at the speaker's question, as the action/event has already taken place:

> Quand votre collègue doit-il partir en déplacement? (deux jours)
> Mais il est parti il y a deux jours.

A vous maintenant

1 Quand allez-vous envoyer votre demande d'affectation? (une semaine)

2 Quand va-t-il répondre à l'annonce? (hier)

3 Quand sera-t-elle nommée chef de rayon? (cinq jours)

4 Quand la réunion stagiaires-cadres doit-elle avoir lieu? (huit jours)

5 Quand devez-vous renouveler votre abonnement? (un mois)

Written exercises

A Faites coïncider les deux parties des phrases suivantes de façon à former un tout:

1	Depuis longtemps les centrales d'achat	(a)	ont inventé l'appareil-photo jetable.
2	Il y a plusieurs années les Japonais	(b)	depuis la multiplication des grandes surfaces.
3	Ça fait cinq jours que	(c)	la vente par correspondance.
4	Les petits commerçants connaissent une chute de leur fréquentation	(d)	depuis l'internationalisation des marchés.
5	Depuis quelque temps	(e)	obtiennent des rabais énormes des fabricants.
6	La grande distribution vient d'	(f)	effectuer une vente sauvage de prunes devant un hypermarché.
7	La loi d'orientation du commerce et de l'artisanat a été votée	(g)	a allié des hypers classiques avec des enseignes pour des publics visés.
8	Des manifestants du Lot-et-Garonne viennent d'	(h)	annoncer qu'elle risque de délocaliser à cause de la loi Raffarin.
9	On remarque une concentration croissante de la distribution	(i)	il y a plus de vingt ans.
10	Il y a quelques années Auchan	(j)	nous attendons la livraison.

B Le texte que vous allez lire ne présente aucun sens. Réécrivez-le de façon à ce que les phrases découlent les unes des autres de façon logique.

1 Or le paysage commercial a changé en se segmentant.

2 Il y a quelques années on était loin d'y songer.

3 Si bien que, maintenant, le consommateur partage ses courses entre la grande surface et le magasin de proximité.

4 Il y a dix ans, on disait que les petits détaillants étaient voués à la disparition.

5 Il paraît donc difficile d'affirmer que le petit magasin du coin n'aura pas sa place dans les années à venir.

6 Ainsi, il s'est modernisé un peu partout dans l'Hexagone.

7 On peut constater en particulier que les grossistes se restructurent depuis des années.

8 En outre des boutiques de Maghrébins ont poussé un peu partout.

9 On remarque également que les magasins se rénovent en fonction d'une clientèle très ciblée.

10 Elles ont l'avantage d'être situées en pleine ville, d'être ouvertes tôt le matin, tard le soir et ce, 7 jours sur 7.

C Choisissez le temps qui convient pour les verbes qui figurent entre parenthèses.

1 Il (arriver) il y a cinq minutes.

2 Je (ne plus voir) mon collègue depuis sa promotion.

3 Depuis que notre petit épicier (disparaître) nous devons faire toutes nos courses au supermarché.

4 Il y a trois ans, le groupe FNAC (dégager) un bon résultat.

5 Les rapports entre les commerçants et leurs banquiers (venir) de s'envenimer.

6 Il y a deux ans Codec (réaliser) un plan de restructuration logistique.

7 On (modifier) la loi Royer il y a quelque temps.

8 Depuis que je (se servir) du traitement de texte, ma vie n'est plus la même.

9 Ça fait deux ans que nous (attendre) une autorisation d'ouverture.

10 Le poids des centres Leclerc dans la distribution française (augmenter) sans cesse depuis trente ans.

D *Business language skills*

La communication interne écrite

En tant qu'employé, ou éventuellement, stagiaire dans une entreprise, vous serez amené à communiquer par écrit avec vos collègues. Or, savoir communiquer, c'est faire preuve d'efficacité. Vous devez tenir compte non seulement du contenu, mais aussi de la forme qui correspond au type de message que vous voulez faire passer.

On distingue, entre autres, les documents 'longs', tels que le rapport ou le compte-rendu (où l'on fait l'analyse d'un dossier, d'une action ou d'une situation) des documents plus 'courts', comme la note de synthèse, la note de service ou d'information, aussi appelées note interne. Elles correspondent plus au moins au memorandum en anglais.

Les documents longs

Le rapport sert souvent d'information de base. On y examine, tire des conclusions et propose des solutions à une situation donnée. On rédige un rapport sur, par exemple, le développement d'un nouveau produit ou la restructuration d'une entreprise. Le compte-rendu rapporte l'essentiel d'un événement: un accident sur les lieux de travail, un salon, ou une réunion à laquelle on a assisté. Contrairement au rapport, l'émetteur n'oriente pas la décision.

Il vous faudra adopter la même démarche pour ces deux types de documents. Après avoir trié et classé les informations et les données à votre disposition, répondez aux questions suivantes:

- Que s'est-il passé?
- Pourquoi et comment?
- Existe-t-il d'autres solutions, et si oui, lesquelles?
- Eventuellement, quelles recommandations faites-vous?

Pour leur présentation, vous devez considérer la structure et le style.

La structure comporte: des références qui servent à identifier l'auteur; l'objet, qui met brièvement le destinataire au fait de la situation; l'exposé de la situation qui commence sans préambule et présente les faits soit par thèmes, soit par ordre chronologique; les conséquences éventuelles de la situation et les mesures proposées par la suite (ces dernières, dans le cas d'un rapport).

Le style: employez un ton neutre, sans formules de politesse ni expressions familières. Utilisez des temps simples, des phrases courtes et peu complexes. Evitez l'usage de la première personne. Ainsi, au lieu d'écrire 'Quand j'ai rencontré Monsieur Bridel, il m'a proposé deux tarifs', mettez plutôt: 'Lors d'un entretien avec Monsieur Bridel, il a proposé deux tarifs'.

Voici un exemple de **rapport de stage** que tout étudiant effectuant un stage d'entreprise doit envoyer à son université ou à son école de commerce. Notez que dans ce rapport-ci, aucune décision n'est à prendre, et qu'il s'apparente davantage au compte-rendu (puisque c'est une simple relation de faits) qu'au 'rapport' typique, document interne d'une entreprise. (En outre, l'étudiante se met en cause et emploie le 'je'.)

Rapport pour le mois de novembre

Nom: Katherine Williams

Société: 'Livres Communications'

Adresse: 93, avenue de Buzenval
             92500 Rueil Malmaison

Du côté travail, nous avons effectué un mailing concernant la parution du dossier 'Livres cadeaux' dans le Journal du Dimanche. Ceci afin d'inciter les éditeurs à insérer de la publicité dans ce dossier pour les acheteurs de livres d'étrennes. Ce mailing a été fait assez rapidement, nous savions exactement quel secteur nous devions cibler. L'épuration de la liste de maisons d'éditions que nous avions a été exécutée avec une rapidité impressionnante par rapport au dernier mailing. Bien que les travaux préliminaires soient intéressants, la tâche la plus pénible d'un mailing est de coller les timbres – surtout quand il y a 52 enveloppes à affranchir! J'ai eu le privilège d'avoir été invitée à une soirée organisée par la Fondation Hachette à la mi-novembre. Cette soirée s'est déroulée au musée d'Orsay. La Fondation Hachette encourage la jeune création dans les domaines de l'écrit et de l'audiovisuel, en octroyant des bourses pour:

- jeune reporter photographe
- jeune producteur de cinéma
- jeune réalisateur TV
- jeune écrivain
- jeune journaliste de presse écrite

Ces bourses ont été attribuées pendant la soirée par des personnalités de chaque domaine. C'était une soirée très réussie dans un décor grandiose.

Du côté temps libre, j'ai eu le plaisir de rentrer en Grande-Bretagne grâce à la fête du 11 novembre, ce fut un séjour très court mais bien agréable.

Rapport de stage

Les communications internes plus courtes

La note de synthèse a pour but d'informer le destinataire et de faire le point sur un long dossier dont la lecture lui sera épargnée. Seules y figurent les données significatives. Le directeur d'un service – marketing, ressources humaines ou autre – requerra souvent une note de synthèse d'un dossier préparé par le bureau d'études d'une entreprise.

Alors que les notes de service demandent au(x) destinataire(s) d'effectuer une tâche ou de répondre à une question, les notes d'information sont utilisées pour des petites annonces, des rappels ou changements de règlement, des modifications d'horaires, des renouvellements de personnel, etc.

Voir ci-après Fig. 1, exemple de note interne de Claude Bornecque et Fig. 2 et 3, notes d'information de Lever de R. Lanai et de B. Lemaire.

DIRECTION DE L'ACTION ECONOMIQUE
ET INTERNATIONALE

Le 20 mars 1997

NOTE INTERNE

Ci-jointe liste des périodiques auxquels nous sommes abonnés.
Merci de m'indiquer:

- Lesquels de ces périodiques vous recevez effectivement actuellement.
- Lesquels vous souhaitez recevoir.
- Vos souhaits d'abonnements complémentaires.

Claude BORNECQUE

Figure 1: Exemple de note interne

58RL0392   LEVER

de   à   le

R. Lanai   Tous Services   13 mars 1997

Mary LOMBARD, Chef de produit Personal Wash chez Lever Canada, rejoindra notre société le 16 mars 1997.

Elle est nommée Chef de produit européen Cajoline.

R. Lanai

Figure 2: Exemple de note d'information

Usine de Saint-Vulbas
Z.I Plaine de l'Ain
01150 SAINT-VULBAS

LEVER ST-VULBAS   Le 02 septembre 1992

NOTE D'INFORMATION

Dans la nouvelle organisation de l'Usine d'Haubourdin, F. DEMBLOCQUE est appelé à prendre la Responsabilité de l'Unité de Production des Poudres à compter du 1er décembre 1997. En tant que 'Deputy', il assurera la Responsabilité de l'Usine d'Haubourdin lors de ∨mes absences.

Monsieur R. SAENZ DE MIERA, actuellement Directeur de Production à l'Usine d'ARANJUEZ (Espagne) prendra la Direction de l'Usine de ST-VULBAS à cette même date.

B. LEMAIRE

Figure 3: Note d'information (télécopie)

Les grandes sociétés emploient de plus en plus la messagerie électronique comme forme de communication.

Voir ci-après Fig. 4, exemple de Mail Tool: View Message 5.

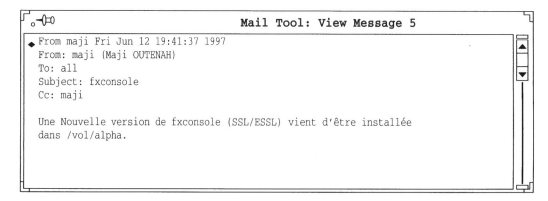

Figure 4: Exemple de Mail Tool

116

📖 Activités

1 Rapport de stage (400–500 mots). Vous travaillez depuis quelques mois chez Dupont à Paris. Tout en représentant une expérience linguistique enrichissante, votre travail dans le service où vous êtes placé commence à vous ennuyer. Vous vous sentez capable d'avoir davantage de responsabilités, surtout en ce qui concerne le contact avec les clients.

Rédigez un rapport destiné au responsable des stages de votre école de commerce ou de votre université où vous présentez les problèmes que vous avez; vous proposez des solutions à votre situation.

2 Rédigez une note interne concernant la tenue vestimentaire et l'allure générale exigées par la direction de Disneyland Paris, pour les hommes comme pour les femmes.

- Hommes ou femmes: interdiction de porter des jeans.
- Hommes: pas de cheveux longs ni de pattes. Pas de boucles d'oreille. Pas d'ongles longs.
- Femmes: pas trop de maquillage ni d'ongles trop longs. Pas de jupes/robes courtes. Pas de boucles d'oreille trop longues. Les bottes doivent monter jusqu'à la hauteur du bas de l'ourlet.

3 Rédigez une note de service de la part du siège administratif sur l'introduction d'horaires de travail flexibles début janvier 1998, et d'un rota pour les congés d'été annuels.

4 Rédigez une note interne où vous faites part à votre personnel de la mise au chômage technique dans les 6 mois à venir d'une dizaine de personnes réparties dans les divers services de la société.

Unit 8

LE TOURISME

◼ *Texte d'introduction*

Les produits d'exportation les plus rentables de la France ne sont plus le champagne et le foie gras, mais les exportations invisibles: la tour Eiffel et le musée du Louvre, la Provence-Alpes-Côte d'Azur, les châteaux de la Loire et Disneyland Paris. Aujourd'hui le tourisme est devenu l'une des toutes premières activités économiques de la France qui détient le deuxième rang mondial en la matière avec une balance touristique extérieure de plus de 55 milliards de francs (données 1994). Ce solde recettes-dépenses est bénéficiaire depuis 1963. Il dépasse celui des trois autres grands secteurs industriels – l'agro-alimentaire, l'automobile et l'aéro-nautique civile – et fait du tourisme la première industrie française.

   Comment expliquer l'essor du tourisme en France?

Destination France

La nature est le principal attrait touristique de la France. En effet, cette dernière bénéficie d'une grande diversité géographique et climatique avec 6500 kilomètres de littoral, des montagnes, des lacs et des forêts, ce qui permet presque toutes les activités de sport et de loisirs. Si l'on y ajoute sa richesse culturelle, sa gastronomie et ses villes historiques, l'attraction de l'Hexagone comme lieu de vacances n'est guère étonnante.

Leader européen en tourisme international, avec 61,3 millions de visiteurs en 1994, le pays a su développer son tourisme face à une concurrence féroce, notamment de l'Italie (maintenant en deuxième position avec 50 millions de visiteurs) et de l'Espagne qui avaient davantage d'arrivées aux frontières que la France jusqu'en 1987. Cet essor n'est pas seulement dû à ses richesses naturelles, mais aussi et surtout au marketing du produit 'France' qui a été adapté à la demande des touristes. L'Hexagone offre un excellent rapport qualité-prix dans les domaines de l'hébergement, de la restauration et des loisirs. En outre, la Maison de la France a coordonné une stratégie de communication avec ses 32 antennes à l'étranger, les 22 régions françaises et de grands transporteurs (Air France). Elle a ciblé des marchés porteurs: l'Allemagne, la Grande-Bretagne, les Etats-Unis et le Japon. Cette activité est reconnue comme une industrie de grande importance avec la charte de 1981 et ses directives sur la liberté des prix et du crédit, sur les aides fiscales aux entreprises ainsi qu'avec la création, en 1988, d'un ministère délégué au tourisme. Outre son succès comme produit d'exportation, la France continue d'attirer une clientèle nationale: 82% des Français passent des vacances sur leur sol, contre 60% de Britanniques et 40% d'Allemands. Une fierté de leur pays et de sa culture ainsi qu'une diversité exceptionnelle de destinations vacancières semblent justifier cette préférence des Français pour leur propre pays.

Essor d'une industrie

Au fur et à mesure de la croissance de la demande, la diversification des types de vacances a augmenté. A l'aube de l'ère des loisirs en France (le droit à deux semaines de congés payés a été institué en 1936), les grandes vacances consistaient en un simple séjour au bord de la mer ou en montagne. Des vacances plus longues (congés payés de cinq semaines depuis 1982 – *voir* Unit 2, Le monde du travail), des salaires plus élevés et une revalorisation du temps libre ont fait se développer de nouveaux types de vacances. On a vu ainsi l'éclosion des sports d'hiver (sur les 30% de Français qui prennent des vacances en hiver 10% partent faire du ski), le décollage des séjours sous forme de stages de tennis, d'escalade ou de planche à voile et – au gré des événements et des modes – des vacances vertes, des cures, (on parle souvent du tourisme de *santé*), des séjours culturels et des stages linguistiques. D'autres formes de tourisme sont nées, comme le tourisme d'affaires et de congrès, le tourisme industriel, le tourisme viticole et le tourisme gastronomique.

Sur le plan de l'offre, il existe une concentration moindre que dans d'autres secteurs de l'économie française. A l'exception du Club Méditerranée, pionnier des villages de vacances, la France n'a pas de grands voyagistes à l'échelle internationale. Ceux-ci demeurent la chasse gardée des sociétés britanniques et surtout allemandes, dont la clientèle voyage beaucoup plus à l'étranger que les Français.

La croissance du tourisme n'a pu se faire sans le développement d'une infrastructure des transports (*voir* Unit 6, Les transports). Celui du réseau routier est en même temps la cause et la conséquence de la préférence des Français pour l'automobile: 85% de vacanciers partent en voiture l'été contre 9% en train, et 77% en hiver contre 17% en train, malgré l'extension des lignes TGV.

Il est difficile d'évaluer les effets du boom touristique sur l'emploi. En bénéficient non seulement les emplois directs (hôtels, restaurants, assureurs, agences de voyages dont le nombre est passé de 1214 en 1984 à 2500 en 1992), mais aussi les emplois indirects (transports, fabrication d'équipement de loisirs, spectacles) et induits (immobilier, secteurs bancaire et alimentaire). De la sidérurgie aux communications, du pêcheur au vendeur de journaux, il n'existe guère de domaine qui ne soit touché par cette activité.

Problèmes associés à la croissance touristique

Comme d'autres industries saisonnières, le tourisme est en butte au problème de concentration temporelle. Débordées de touristes pendant les mois d'été, les stations balnéaires sont vides en hiver, ce qui oblige les hôteliers et les restaurateurs à faire leur chiffre d'affaires annuel en deux mois seulement. Même dans les endroits les plus courus le hors-saisons représente une période creuse pour les commerçants. Revers de la médaille, il manque des chambres, des parkings et de l'espace libre en juillet-août, période pendant laquelle, malgré les diverses tentatives pour étaler les vacances – déplacement des dates de congés scolaires, décalage des fermetures d'usines, réduction des tarifs hors-saison dans les établissements d'accueil – les Français continuent de partir en masse.

Le même déséquilibre existe sur le plan géographique: l'arrière-pays se vide au profit du littoral. Celui-ci a accueilli près de 30 millions de touristes en 1995, dont 5 millions pour la Côte d'Azur, ex-aequo avec la Bretagne. Le seuil du supportable est dépassé dans des endroits comme le Cap-Ferret qui passe de 6000 habitants en hiver à 100 000 en été.

Le boom touristique, son caractère saisonnier et sa concentration spatiale ont des conséquences néfastes sur l'environnement: dénaturalisation des sites – plus de 50% des côtes sont déjà bétonnées – urbanisation anarchique accompagnée de spéculation foncière. Ce qui n'empêche pas la construction d'appartements, de complexes hôteliers, de résidences secondaires, de ports de plaisance et de terrains de golf de continuer apparemment sans relâche. La Côte d'Azur a presque atteint le seuil de saturation. Mais l'enjeu économique du tourisme est tel que chaque station balnéaire veut son port de plaisance ou son village de vacances, chaque station de sport d'hiver un nombre accru de télésièges et de pistes skiables. La population locale pèse le pour et le contre: si une augmentation de touristes améliore les perspectives pour l'emploi, en contrepartie elle impose l'aménagement d'hôtels, de routes et de parkings, souvent au détriment de l'espace vert.

L'avenir du tourisme en France

Le seuil de croissance du tourisme est-il atteint? Les facteurs susceptibles d'influer sur la demande sont positifs: la réduction du nombre d'heures de travail, la mise en service du tunnel sous la Manche avec des allers-retours à des prix concurrentiels selon les jours et les heures de passage, l'extension du réseau TGV européen, la déréglementation des tarifs aériens en Europe, et la construction d'un réseau TGV européen. L'ouverture de l'Europe de l'Est est à la fois une opportunité – de nombreux touristes originaires de ces pays viennent en France y faire des séjours courts – et une menace – ceux-ci dépensent peu ou prou. En outre, ces pays ont des attraits culturels et vacanciers bon marché susceptibles de draîner bon nombre de Français.

Peut-on développer le tourisme sans remettre en question la protection de l'environnement? Quelques initiatives ont été déjà prises pour contrecarrer ses aspects négatifs. Le conservatoire du Littoral, créé en 1976, achète des espaces naturels sur la côte et les déclare inconstructibles. L'association des Gîtes de France essaie de développer le tourisme hors des côtes, en accueillant des touristes dans des maisons traditionnelles, familiales, et dans des exploitations agricoles où les visiteurs sont davantage en contact avec la nature et la campagne qu'avec les distractions purement touristiques. Ecomusées et sites industriels assument une pareille fonction. Le tourisme sera-t-il ainsi un outil de conservation de la vie des communes rurales et de leur environnement?

Références

Cazes, Georges *Le tourisme en France*, Collection 'Que sais-je?', PUF, 3ᵉ édition, (1989).
Krippendorf, Jost *Les vacances, et après?* traduit de l'allemand par Isobel Wormser Paris, L'Harmaltan, (1987).
Peyroutet, Claude *La France touristique*, Nathan, (1995).
L'Express, pp. 14–26, (1/8/1996).

Avez-vous compris?

Vrai ou faux? Cochez la bonne réponse.

	Vrai	Faux
1 Le tourisme est une exportation invisible.		
2 La France est le leader mondial du tourisme.		
3 Le succès du tourisme en France est dû largement à sa richesse culturelle et historique.		
4 L'hôtellerie est néanmoins relativement chère.		
5 La plupart des Français préfèrent passer leurs vacances en France.		
6 De nos jours, les Français ont droit à deux semaines de congés payés en tout par an.		
7 Plusieurs entreprises françaises sont compétitives dans le marché international des voyages organisés.		
8 Le développement du tourisme va de pair avec celui des transports.		
9 Le tourisme s'est développé dans l'arrière-pays au détriment du littoral.		
10 On s'attend à une augmentation du tourisme en France dans l'avenir.		

Points de réflexion

1 Comment jugez-vous l'expansion du tourisme en France? Plutôt positivement ou plutôt négativement?

2 Pourquoi, à votre avis, les voyages organisés sont-ils moins développés en France qu'en Angleterre?

3 La France devrait-elle privilégier le développement des grands parcs d'attractions tels Disneyland Paris ou le Futuroscope pour attirer une clientèle internationale?

Activités de recherche

1 Choisissez une région ou un département de la France où le tourisme est encore peu développé (la Picardie, la Beauce (Loiret), les Ardennes, l'Auvergne). Quels efforts ont été faits pour attirer les touristes dans ces régions? Cherchez des dossiers ou des articles appropriés dans les journaux ou hebdomadaires français, ou renseignez-vous directement, par courrier, aux divers offices de tourisme ou syndicats d'initiative des villes concernées.

2 Evaluez la publicité faite par les agences et organisateurs britanniques de voyages (tels Thomson, Thomas Cook, Horizon etc.) pour vendre la France en tant que destination de vacances aux Britanniques. Quelle image de la France donnent-ils? (*Voir aussi* Unit 9, La publicité)

3 En tant que stagiaire dans le service marketing d'une grande entreprise britannique, vous êtes chargé(e) d'organiser une conférence de deux jours qui réunira les cadres des filiales européennes de l'entreprise (près de 100 personnes dans une vingtaine de filiales). La conférence aura lieu en juin. Le directeur du personnel a indiqué qu'il préférerait que la conférence ait lieu en France. En utilisant des guides de voyages (tel Michelin), des cartes routières, des fiches horaires etc. choisissez un lieu approprié pour la conférence en précisant le nom de l'hôtel/centre de conférence; les différents accès par route, rail ou avion; les possibilités de loisirs et de détente en dehors des heures de conférence.

Dans un compte-rendu au directeur de marketing, justifiez votre choix d'hôtel et de ville ou d'endroit selon les critères suivants: facilités d'accès (il y a une filiale dans chaque pays de l'UE); prix de transport et d'hébergement; qualité de l'environnement (calme, climat).

B *Texte de compréhension*

1996, LE TOURISTE A CHANGE

11 heures. Sur les tables du Cheval-Blanc, ancien relais de poste de Haute-Marne aménagé en hôtel-restaurant 2 étoiles, Odette Jerometta s'affaire à lisser le tissu de ses nappes. Du tissu, surtout pas de papier. 'Même si je suis loin d'afficher complet et si les déjeuners se limitent souvent à des salades à 45 F, je ne veux pas tomber dans la cafétéria de quartier', prévient-elle. Avec raison.

'Si les touristes restreignent leur budget, ils sont aussi plus exigeants quand ils dépensent', avertit Françoise Toulemonde, du Centre de communication avancée (CCA), qui suit depuis plusieurs années le Français en vacances.

Il faut dire que l'été était mal parti. Une baisse de la fréquentation de près de 20% a été relevée en juillet par 8 offices de tourisme sur 10, notamment sur la Côte d'Azur, la Corse et autres usines à bronzer. Cette désaffection, pourtant, ne s'explique pas uniquement par les difficultés économiques. Le touriste 1996, loin de se satisfaire du seul farniente, veut cultiver son corps et meubler son esprit. 'On a maintenant affaire à des clients mieux éduqués, qui exigent qu'on leur apporte quelque chose de plus que le ciel bleu et la bonne bouffe', explique Bruno Miraglia, président de la commission tourisme pour la région Provence-Alpes-Côte d'Azur. 'Le Francilien en vacances préférera découvrir le fonctionnement de la centrale thermique de Pont-à-Mousson que passer des après-midi oisifs.'

Observée il y a maintenant cinq ans chez les nouveaux itinérants, une avant-garde aisée qui se sert autant de ses relations que de son carnet de chèques, cette démarche a gagné toutes les catégories sociales. Tirent donc leur épingle du jeu les destinations au passé prestigieux ou celles qui promettent un événement, de préférence gratuit: 300 000 visiteurs (30 000 de plus que l'année dernière) auront goûté au Festival inter-celtique de Lorient, épuisant du 2 au 11 août toutes les capacités d'accueil du pays lorientais; le bicentenaire de l'imagerie d'Epinal a vu les familles se presser en masse devant les couleurs du Chat botté; 80 000 visiteurs se sont précipités au 4ᵉ Festival du théâtre de rue d'Aurillac.

Si ce que les professionnels appellent le 'tourisme d'itinérance sportif' (randonnées, balades en VTT ou excursions en canoë-kayak) a doublé cette année, ce n'est pas forcément au profit du tourisme vert, le mieux placé, en principe, pour profiter du retour à la campagne des citadins.

Le camping-car gagnant

A Gîtes de France, on s'explique mal 'le taux d'occupation des gîtes qui n'excèdait pas 62% au 15 août; une baisse d'au moins 5% par rapport à l'année dernière'. Tout juste se borne-t-on à remarquer, comme en 1995, que le niveau du franc a dissuadé les étrangers et que les nouveaux gîtes (ils sont 1000 à ouvrir chaque année), en proposant des semaines à 3700 F, s'éloignent peut-être trop de leur cible familiale et sportive. Grands gagnants, les camping-cars voient leurs immatriculations grimper de 28,5% cette année.

Mode d'hébergement le plus touché par la mutation touristique: l'hôtel. Selon la Fédération nationale de l'industrie hôtelière, la baisse de la fréquentation atteindrait parfois 20%. 'Il faut s'adapter à cette clientèle plus exigeante et accepter les réservations de dernière minute', reconnaît cet hôtelier de Bandol (Var), qui travaille de plus en plus avec les entreprises pour des séminaires ou des formations. 'C'est sûr que cela paie moins, mais, pour l'instant, cette clientèle professionnelle n'est pas en baisse', ajoute-t-il.

Pour le CCA, beaucoup de possibilités restent à explorer pour profiter de ce tourisme en mutation. La soif de nature et de culture en sont des exemples. Aux vendeurs d'évasion de satisfaire ces nouvelles attentes.

'Guillaume Grallet, 1996, Le touriste a changé', by *L'Express*, 29 08 1996.

---

se satisfaire du seul farniente to be happy doing nothing
Francilien a person from the Ile-de-France
les nouveaux itinérants people who go on touring holiday
tirer leur épingle du jeu here: to come out well
le Chat botté Puss-in-boots
tout juste se borne-t-on à remarquer they merely pointed out that
cible target market

Questions sur le texte

1 Trouvez des équivalences à:
  (i) Cultiver son corps et meubler son esprit.
  (ii) Le ciel bleu et la bonne bouffe.
  (iii) La soif de nature.

2 Comment la propriétaire du Cheval-Blanc essaye-t-elle d'améliorer l'image de son hôtel et pourquoi?

3 Pourquoi y avait-il moins de touristes sur la Côte d'Azur en 1996?

4 Quel(s) type(s) de vacances deviennent plus populaire(s) et pourquoi?

5 Quelles activités ou événements attirent les touristes?

6 Quelle a été l'influence du taux d'échange du franc français sur le tourisme?

7 Comment les hôteliers pallient-ils à la baisse de fréquentation des touristes?

8 Selon le CCA, que reste-t-il comme possibilités de développement du tourisme en France?

Activités

 1 Quels sont les avantages et les inconvénients – à la fois pour les communes, pour les entreprises et pour les touristes – du 'tourisme d'itinérance sportif'?

2 'Le développement du tourisme est incompatible avec la protection de l'environnement.' Discutez.

3 Les responsables du département des loisirs de votre ville ou commune s'adressent aux étudiants de commerce de votre université pour des conseils sur le développement du tourisme local. Comment peuvent-ils attirer plus de visiteurs? Vos conseils doivent inclure: des exemples d'activités touristiques qui pourraient être développées; des moyens publicitaires à exploiter pour attirer le plus grand nombre possible. (*Voir* Unit 9: La publicité.)

4 Une carrière dans le tourisme. Quelles sont les qualités indispensables aux professions suivantes?

- Responsable dans une agence de voyages.
- Hôtelier.
- Moniteur dans un village-vacances ou une colonie de vacances.
- Responsable des achats dans une chaîne de restaurants.

5 Mini Etude de cas

Jacques Blachard, agriculteur dans une commune auvergnate de 1500 personnes se trouve dans une situation financière assez difficile, par suite d'une réduction des quotas sur le lait imposée par la Commission européenne. Comme beaucoup d'agriculteurs français se trouvant dans le même cas, monsieur Blachard se demande s'il ne pourrait pas développer certaines activités touristiques pour compléter son revenu.

Parmi les différentes possibilités qui s'offrent à lui, les activités suivantes lui semblent les plus intéressantes: faire un gîte rural[1] ou gîte d'étape[2]; un terrain de golf; des stages agricoles destinés aux jeunes ou aux habitants de villes qui s'intéressent aux activités des agriculteurs.

Compte tenu de la situation actuelle, et en vous aidant des informations suivantes, quelles activités conseilleriez-vous à monsieur Blachard?

Informations supplémentaires: Jacques Blachard a 50 ans. Il a trois enfants. Sa fille Marie a 17 ans et prépare son baccalauréat. Elle n'a pas de perspectives d'emploi immédiates, mais elle s'intéresse beaucoup au tourisme. Les deux fils de M. Blachard sont plus âgés

---

[1] Maison ou appartement à la campagne louée à la semaine aux touristes.
[2] Comme un gîte rural, mais loué à la journée et comprenant le petit déjeuner et éventuellement le repas du soir. Ceci correspond aux 'bed and breakfast' britanniques.

et ont quitté le foyer familial il y a longtemps pour faire des études à Paris. Madame Blachard a 47 ans. Sans profession, elle a consacré sa vie à sa famille et à aider son mari aux travaux de la ferme. C'est une excellente cuisinière. Elle sait faire des plats originaux avec les produits de la ferme. Jacques Blachard est né dans la ferme qu'il a héritée de son père il y a 10 ans. Sa femme est également d'un milieu rural – ils ne connaissent donc que la vie rurale.

La ferme est de taille moyenne et orientée principalement vers la production laitière (55 vaches). Elle est entourée de 20 hectares de champs et de prés, dont la moitié est en friche. En outre, il y a deux vieilles maisons adjacentes à la maison familiale. Leur structure est encore solide, mais pour être utilisées en tant que logements, il faut les rénover complètement. La maison familiale elle-même est en bon état, assez grande, avec cinq pièces et une énorme cuisine. L'ensemble est situé à trois kilomètres du village et des commerces les plus proches, à 12 kilomètres d'un Intermarché, à 20 kilomètres d'un lac avec possibilité de pêche et de baignade.

Les Blachard ont peu de capital. Monsieur Blachard pense vendre la moitié de ses vaches pour pouvoir financer l'un des projets. Il espère également disposer d'une aide financière locale pour subventionner des activités de tourisme. Dans sa région, il est quasiment impossible de vendre du terrain, faute d'une demande. Par contre, il pourrait facilement en acheter des fermes voisines, sans dépenses importantes.

Il pense obtenir sans difficultés la permission de la commune pour chaque projet proposé.

 6 Entrevue avec Madame Lavelle, maire de Fougères-le-Grand, commune de 10 000 habitants dans la Corrèze. Celle-ci a lieu au mois de février. Après avoir écouté l'entrevue, quels sont les problèmes soulevés par le développement poussé dans une petite commune telle que Fougères-le-Grand? Selon vous, que faudrait-il construire en dehors de ce qui vient d'être mentionné et comment pourrait-on concilier tourisme et protection de la nature?

B *Grammar*

The future

There are two ways of expressing the future in French

(i) the **future tense**, as in:

Le chef sera en colère après sa secrétaire si ses lettres ne sont pas tapées à temps.
(The boss will be angry with his secretary if his letters are not typed in time.)

(ii) the **future** with '*aller*':

Je vais lui téléphoner tout de suite.
(I'll phone him straight away.)

Form and uses

The **future** with *aller* is formed by the **present tense** of *aller* followed by an **infinitive**. It is used to describe:

(i) Actions in the immediate future:

Je vais m'occuper de la réservation des billets d'avion dans cinq minutes.
(I'll deal with the plane ticket reservations in five minutes.)

Here, it corresponds to the English 'shall' and 'will', and is as much an expression of **intention** as of future action.

(ii) Actions at any moment in the future:

> Ils vont partir au Pérou l'été prochain.
> (They are leaving for Peru next summer.)

Here, it corresponds to the expression in English 'going to do' something.

As in English, the future with *aller* and the future tense are interchangeable in many situations.

> La modernisation du tourisme va s'accélérer/s'accélérera.
> (The modernisation of tourism will/is going to increase.)

Regular forms of the future tense

For verbs of the first group (*-er*), the second group (*-ir*: finir – nous finissons) and some of the third group (*-ir*: sortir – nous sortons), the endings of the present tense of *avoir* (*ai, as, a, -ons, -ez, ont*) are added to the infinitive.

> réserver – je réserverai;
> trier – nous trierons;
> finir – elle finira;
> partir – ils partiront.

For verbs of the third group (*-re*), the future tense is formed in the same way. The only difference is that the final *-e* of the infinitive is dropped.

> prendre – je prendrai;
> attendre – nous attendrons.

For irregular verbs, the form is different in each case and needs to be learned separately.

> avoir – j'aurai
> courir – tu courras
> devoir – il devra
> envoyer – nous enverrons
> être – vous serez
> faire – ils feront
> falloir – il faudra ⎫ (*These verbs are only used with 'il'*
> pleuvoir – il pleuvra ⎭ + *the 3rd person singular.*)
> pouvoir – je pourrai
> recevoir – je recevrai
> savoir – je saurai
> tenir – je tiendrai
> (*and its derivatives*: contenir, retenir, soutenir ...)
> valoir – je vaudrai
> venir – je viendrai
> (*and its derivatives*: devenir, convenir ...)
> vouloir – je voudrai

Note that the endings are the same as for regular verbs.

Uses

The future tense has a wider usage in French than in English.

(i) After expressions of time such as: *quand, lorsque, au moment où, dès que, aussitôt que, pendant que, tandis que, tant que*, French uses the future tense in the subordinate clause as well as in the main clause. The equivalent expressions in English all require the present tense, at least in the subordinate clause, but sometimes also in the main clause.

> Dès que le tourisme social disposera de banques de données économiques, les associations pourront accueillir davantage de personnel dans leurs villages de vacances.
> (As soon as the social tourism sector has the economic data, the associations can take on more personnel in the holiday villages.)

> Pendant que vous vous occuperez de la campagne publicitaire RER-Disneyland Paris, nous pratiquerons une politique de promotion pour la capitale française.
> (While you look after the RER-Disneyland Paris advertising campaign, we'll work on a promotion policy for the French capital.)

> Tant que Paris et l'Ile-de-France auront des atouts par rapport à Londres, elles resteront un pôle touristique.
> (As long as Paris and the Ile-de-France have advantages over London, they will remain a centre of tourism.)

(ii) After *dire, espérer, penser, savoir ... que; ne pas savoir si, se demander si.*

> Je te dis qu'elle acceptera sa mutation dans le tourisme industriel.
> (I tell you that she will accept her transfer to the industrial tourism sector.)

> J'espère qu'on finira par trouver une solution au chômage.
> (I hope that we will finally find a solution to unemployment.)

> Je pense que l'industrie hôtelière se développera davantage en France.
> (I think that the hotel industry will develop further in France.)

> Je sais qu'il va donner sa démission dans trois jours.
> (I know that he will resign in three days' time.)

> Je ne sais pas si le boom du tourisme en France continuera sur sa lancée.
> (I don't know whether the boom in tourism will continue its upward trend in France.)

> Je me demande s'il sera capable de s'adapter.
> (I wonder whether he will be able to adapt.)

(iii) The future can replace an imperative as in the following passage:

> Vous me taperez cette lettre sans faute avant ce soir. Vous contacterez monsieur Jupin pour la réunion de demain. Vous annulerez également mon déplacement pour Toulouse. Ah ... j'oubliais. Si monsieur Lesour téléphone, vous direz que je ne suis pas là.

(iv) The future can be used in a main clause, before or after a *si* clause containing a **present tense** and expressing a hypothesis.

> Si nous ne faisons pas suffisamment de promotion, Paris ne sera plus un pôle touristique.
> (If we don't do enough promotion, Paris will no longer be a major tourist centre.)

The future perfect

The **future perfect** is used to mark an action or event which has taken place prior to a future event. This future event can be expressed by using a future tense or an imperative. Note that the English equivalent is usually the present perfect.

Formation of the future perfect

The future perfect uses the **future tense** of *avoir* or *être* + a past participle. (For *avoir* or *être* + past participle, *see* Unit 6, Grammar section C.)

> Quand les conflits auront cessé, il faudra élaborer une convention collective.
> (When the disputes have finished, it will be necessary to set up a collective agreement with the employers.)

> Nous ne pourrons pas faire construire le nouveau complexe hôtelier tant que nous n'aurons pas obtenu le permis de construire.
> (We will not be able to build the hotel complex until we have obtained planning permission.)

> Dès que tu auras fini de taper le rapport, passe-le moi que je le lise.
> (As soon as you have finished typing the report, pass it to me so that I can read it.)

It can also express a supposition:

> Je pense qu'à cette heure-ci il aura atteint sa destination.
> (I think that by now he will have reached his destination.)

Structural exercises

A Tell your boss that things that he was expecting to have been done already will happen soon.

> Ça y est? Vous avez fait la réservation au Méridien?
> Pas encore, mais je vais la faire bientôt.

A vous maintenant

1 Ça y est? Mademoiselle Grignon a contacté l'agence de voyages?
2 Ça y est? Monsieur Charmoix est enfin arrivé?
3 Ça y est? Bertrand est parti chercher madame Lagrange?
4 Ça y est? Les deux stagiaires ont vu l'exposition sur les semi-conducteurs?
5 Ça y est? Nous avons reçu la commande de Minitel 11?

B You tell your head of department that you will pass on to him the information he needs as soon as it is available, as in the following example:

> Je pense obtenir les renseignements sur l'Ardenne tout à l'heure. Je vous contacterai à ce moment-là.
>
> C'est ça. Dès que vous les aurez obtenus, contactez-moi.

A vous maintenant

1 Madame Goix compte arriver vers cinq heures. Je vous passerai un coup de fil à ce moment-là.
2 Pierre Balon pense terminer ses pourcentages en fin de matinée. Je vous les communiquerai à ce moment-là.
3 Mon associé pense terminer sa campagne de communication demain. Je vous préviendrai à ce moment-là.

4 Nous pensons adapter bientôt l'image touristique de la France à chaque marché. Je vous vous le dirai à ce moment-là.

5 Pierre pense recevoir les statistiques sur le tourisme alpin demain. Je vous en parlerai à ce moment-là.

C Reassure your colleague that things will be done tomorrow, as in the example:

Tiens! Tu ne prends pas ta voiture pour te rendre au travail?
Aujourd'hui non, mais je la prendrai demain.

A vous maintenant

1 Tiens! Robert n'a pas terminé son communiqué de presse?

2 Tiens! Il n'y a guère de monde au Sicob.

3 Tiens! L'hôtel du Parc n'est pas encore complet?

4 Tiens! Vous ne partez pas à Paris pour le congrès?

5 Tiens! Je croyais que monsieur Roubleau était revenu de son voyage aux Antilles.

Written exercises

A Use the following verbs: *avoir, consentir, décider, devoir, être* (twice), *falloir, passer, remarquer, trouver, varier* and *voir* in the correct place and tense so that the letter below makes sense.

Monsieur,

Nous vous remercions de l'intérêt que vous portez à notre entreprise.

En réponse à votre demande de renseignements sur nos produits, vous (...) ci-joint notre tout dernier catalogue ainsi qu'une liste de nos prix. Vous (...) que ceux-ci sont TTC et (...) selon le modèle, la quantité commandée et le règlement au comptant. A partir du mois prochain, les délais de livraison (...) plus courts. Il (...) compter environ trois semaines. Quant au paiement, il (...) être effectué dans les 60 jours qui suivent la réception de la facture.

Toutefois, si vous ne (...) pas de commande ferme avant la fin décembre, nous nous (...) dans l'obligation d'augmenter les prix à cause de la fluctuation des cours mondiaux de la matière première. Par contre, si vous vous (...) dans l'immédiat, nous vous (...) une réduction de 1,5% par rapport aux prix cotés.

Si vous (...) besoin de plus amples renseignements, nous (...) très heureux de nous mettre à votre entière disposition pour vous en fournir.

Dans l'attente, veuillez agréer, Monsieur, l'expression de nos sentiments les meilleurs.

F. BOURRACHON
Service ventes

B The text below describes today's weather as given by the TV weather report.

Aujourd'hui, il fait une température très basse par rapport à la saison. Dans la moitié nord de la France, il pleut à torrents et l'on craint des inondations près de la frontière belge. En Ile-de-France, il y a un brouillard à couper au couteau et nous recommandons aux automobilistes d'être très prudents, en tout cas, de n'utiliser leur véhicule que s'il le faut. Le long des côtes de la Manche et de l'Atlantique, la tempête fait rage. La mer est agitée en Méditerranée. Dans les Alpes, il y a des nuages lourds et bas avec quelques éclaircies prévues pour le soir. Les routes sont glissantes avec des plaques de verglas. Là encore, la prudence est de mise. Même dans le Midi, habituellement épargné par le mauvais temps, il ne fait pas beau. Le ciel est couvert et l'on s'attend à quelques pluies suivies d'éclaircies en fin de journée. Par contre demain . . .

Give the forecast for the weekend weather, using the notes below and the weather maps in Figures 1 and 2. Start like this: 'Sur la moitié nord de la France, le temps se dégagera . . .'

- Moitié nord de la France, temps se dégager.
- Températures en hausse.
- Plus chaud.
- Temps meilleur Manche. Côte Bretagne se calmer.
- Soleil briller.
- Mais températures rester fraîches.
- Dans Pyrénées, beau fixe après-midi, mais quelques nuages matin.
- Dans Alpes, brouillard matin. Se dégager après-midi.
- Sud d'Avignon, températures redevenir normales.
- Dans Midi, début frais, puis très chaud, soleil de plomb. Mer calme. Pas de vent.
- Seul Massif central rester froid.

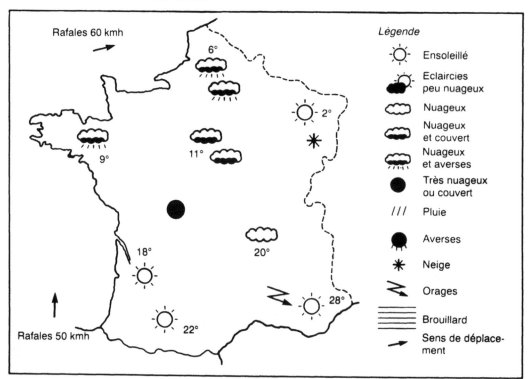

Figure 1: Temps prévu le samedi 26 septembre

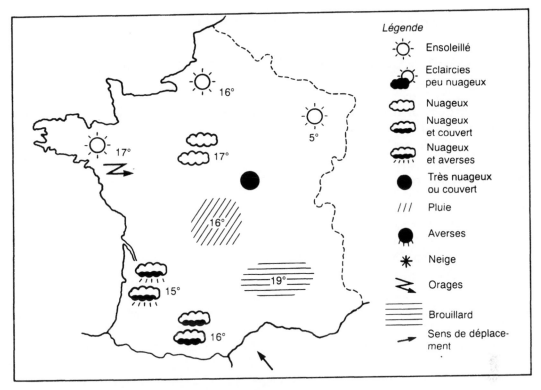

Légende

- ☼ Ensoleillé
- ⛅ Eclaircies peu nuageux
- ☁ Nuageux
- ☁ Nuageux et couvert
- ☁ Nuageux et averses
- ● Très nuageux ou couvert
- /// Pluie
- ● Averses
- * Neige
- ⚡ Orages
- ☰ Brouillard
- → Sens de déplacement

Figure 2: Temps prévu le dimanche 27 septembre

C Put in the future tense the verbs or verb phrases underlined in the following sentences:

A l'île de Ré, en Charente-Maritime, on prévoit que:

1 Le tourisme <u>se bien porter</u>.

2 Août <u>avoir</u> une augmentation de 11% de véhicules qui <u>passer</u> le pont en comparaison de l'an dernier à la même époque.

3 Aux Portes, situé au nord de l'île, les hôtels <u>afficher</u> complets et la ville <u>devoir</u> accueillir une population de 10 000 habitants au lieu de ses 600 habituels.

4 Le Port de Saint Martin <u>avoir</u> un taux de remplissage de 95%.

5 La population de l'île <u>atteindre</u> 150 000 habitants par rapport à 14 179 en hiver.

6 Si ces prévisions ne se réalisent pas, ce <u>être</u> un manque à gagner pour les commerçants, les hôteliers, les prestataires de services (en particulier dans le domaine des loisirs et des activités sportives) qui ne <u>pouvoir</u> pas rattraper facilement une chute sensible de leur CA.

D *Business language skills*

La communication externe: le communiqué de presse

Outre la publicité, comment les firmes communiquent-elles? Par l'intermédiaire de la presse: toutes les entreprises doivent entretenir de bonnes relations avec la presse. Les grandes entreprises ont souvent un service chargé d'établir les rencontres avec les journalistes, et de préparer des dossiers et des communiqués de presse.

A quoi sert le communiqué de presse?

- à cerner, définir et véhiculer *l'image* de l'entreprise
- à *valoriser* l'entreprise en informant sur les produits
- à augmenter la *notoriété* déjà existante
- à *redorer* l'image d'une entreprise en cas de crise

En effet, le silence, l'attente ou le fameux 'pas de commentaires' d'antan ne sont plus de mise et ne peuvent qu'aggraver la situation, voire mettre en jeu la survie de l'entreprise ou coûter très cher. Il n'est que de se rappeler Union Carbide et la catastrophe de Bhôpal, Sandoz et la pollution du Rhin, et l'Exxon Valdez et la marée noire en Alaska pour se rendre compte des conséquences néfastes d'un refus de communication immédiate.

Qu'est-ce qu'un communiqué de presse?

C'est un bref compte-rendu d'un événement actuel ou de la position et de la politique actuelle d'une entreprise où ne figurent que des faits. En principe, il est rédigé par l'attaché de presse de l'entreprise et envoyé aux journaux qui le publieront dans son intégralité ou en partie.

Comment préparer un communiqué de presse?

1 On sélectionne les informations à inclure.
2 On détermine le public visé par l'intermédiaire des journaux qui publieront le communiqué.
3 Dans la rédaction du communiqué, on devrait attirer l'attention par un bon titre; faire figurer les idées les plus importantes dans les premières lignes; mettre une idée par paragraphe; présenter les faits de manière frappante et convaincante en employant des phrases courtes et des termes qui accrochent.

Regardez de plus près le vocabulaire utilisé par la société Effix Systèmes (voir encadré) et la façon dont il est exploité.

Effix Systèmes joue la carte de l'international

Jeune société dédiée aux logiciels pour salles des marchés, Effix Systèmes a signé un accord exclusif avec Reuters qui distribue maintenant ses produits.

Progiciels, volume et international constituent les trois priorités d'Effix Systèmes, spécialiste de l'intégration des systèmes informatiques et de communication pour salles des marchés, créé en 1987 par quatre personnes.

'Notre stratégie est claire, elle consiste à faire du standard ouvert', explique David Toulemonde, directeur marketing chez Effix Systèmes. 'Et pour réussir dans ce domaine, il faut faire du volume et s'attaquer à l'international.' Encore faut-il s'en donner les moyens. Effix Systèmes l'a fait, dès 1988, autorisant le numéro un des salles des marchés à vendre ses progiciels. Résultat: NSM devient la première référence avec l'installation de 42 positions FX-Aide (version sous Sunview).

Cette collaboration avec Reuters s'est poursuivie et enrichie. 'Il a fallu faire évoluer nos accords afin que Reuters puisse vendre aussi bien nos programmes client que serveur. Depuis l'été 90, nous avons donc signé un nouveau contrat, exclusif cette fois, permettant à Reuters de distribuer tous nos produits, sur stations de travail et terminaux.'

Très vite, le marché français devient trop étroit pour la société, dont les ambitions se portent sur les grandes places internationales de New York, Tokyo et Londres. Pour y entrer, Effix Systèmes n'hésite pas à se concentrer sur la conception et la réalisation de progiciels d'aide à la décision et de gestion du risque, sur stations de travail sous Unix (environment X. Windows), intégrant les flux numériques des principaux fournisseurs d'informations financières. Cette stratégie porte ses fruits, ils sont présents dans douze pays: France, Espagne, Suisse, Allemagne, Luxembourg, Grande-Bretagne, Finlande, Danemark, Canada, USA, Japon et Australie. Ainsi, en 1990, Effix Systèmes réalise un chiffre d'affaires de 25 millions de francs, compte 59 salles de marchés équipées avec ses produits, totalisant 1338 positions Trader vendues (la moitié sur stations de travail, l'autre sur terminaux) dont 75% à l'étranger. 'Plus de 1300 traders travaillent désormais avec nos systèmes logiciels d'information et d'aide à la décision financière comme Effix ATW (proposé sur plateforme sous Unix Sun, DEC, HP ou IBM), T. Mon et T. Monrec (sur terminaux de type VT),' précise David Toulemonde.

Fort de ces succès, la société complète son offre 'front office' et propose un système de gestion de risque, FX Forex, destiné aux opérations du marché des changes et Kondor, logiciel développé conjointement par Koris et Fininfo pour les opérations sur titres financiers, les principaux contrats et le marché monétaire.

Autre volonté d'Effix Systèmes: être un standard. 'Sur notre niche, celle des systèmes numériques pour salles des marchés, nous pensons atteindre une position de marché stratégique à horizon de trois ans. Notre offre, construite à partir de stations de travail sous Unix en mode Client-Serveur, de progiciels développés en langage C, sous X. Windows et de SGBDR (Sybase), devrait nous permettre de réaliser cet objectif. Car il s'agit de produits conçus avec des standards dont la philosophie demeure avant tout, l'ouverture des sytèmes.'

Effix Systèmes, déjà bien implanté dans le monde financier et bancaire pourrait alors se diversifier vers d'autres secteurs. 'Nous avons des compétences dans les SGBDR, l'informatique temps réel en architecture distribuée, les processus d'historisation, les environnements multi-fenêtres. Nous pourrions donc entrer dans les secteurs des marchés publics ou de l'industrie.'

(Source: *Technologie Bancaire Magazine*, no. 26, mai-juin, 1991.)

La société est présentée en tant que *spécialiste*, avec des contrats exclusifs; comme ayant bien réussi (*fort de ses succès, cette stratégie porte ses fruits*); comme étant bien implantée dans le monde (*s'attaquer à l'international, les grandes places internationales*).

Activités

La communication de crise

Vous êtes le Pdg de Perrier. A la suite de traces de benzène découvertes dans des bouteilles d'eau minérale vendues aux Etats-Unis, vous décidez de réagir tout de suite et de faire passer un communiqué de presse rassurant, montrant que vous avez la situation bien en main. Voici les éléments que vous donnez à votre attaché de presse pour qu'il le rédige:

- 10–12 microgrammes de benzène par litre découvertes sur 300 millions vendues annuellement;
- pas de pollution générale;
- source pas affectée;
- provient d'un employé: utilisation d'un nettoyant à base de benzène sur chaîne d'embouteillage pour Amérique du Nord;
- chaînes d'embouteillage pour Japon et Allemagne pas en cause;

- norme maximale de ce produit toxique: 5 microgrammes;
- problème de santé existe néanmoins: image de pureté à conserver (slogan publicitaire en Amérique: 'It's perfect – it's Perrier')
- mesure draconienne: retrait de la vente de toutes bouteilles exportées;
- reconstitution des stocks prendra 3 mois.

Redigez ce communiqué de presse

Accord international entre deux sociétés

Vous faites partie du bureau de presse du premier ministre français. Vous êtes chargé d'écrire un communiqué de presse sur l'accord entre la firme française Bull et la japonaise NEC. Montrez les avantages d'un tel accord pour Bull et ses conséquences sur l'emploi dans un contexte de marasme économique, et mettez en lumière les raisons de la volte-face (voir ci-dessous) du premier ministre.

Utilisez les renseignements suivants qui figurent sous forme de notes:

Historique de NEC

- filiale du fabricant américain Western Electric. Fondation 1899;
- pendant 60 ans, spécialisée télécommunications, puis ordinateurs (1/3 de ventes en 1985);
- accord de coopération technologique avec américain AT&T pour semi-conducteurs;
- ordinateurs incompatibles avec IBM – accords avec Europe nécessaires – CMB (Compagnie des Machines Bull) pour distribution grands systèmes DPS9000;
- avenir: intégration télécommunications-ordinateurs;
- accord de participation de 4,7% dans capital Bull;
- refus du premier ministre, pour qui ceci représente une offensive japonaise sur marché informatique français;
- pour Bull: marché gros systèmes = prestige;
- accord avec d'autres grands européens exclus: britannique ICL racheté par japonais Fujitsu, allemand Siemens – accord avec IBM;
- volte-face du premier ministre: réexamen du dossier. Amendement de l'accord – rachat possible par l'état des 4,7% de participation de Bull – garantie d'indépendance de Bull;
- offensive japonaise sur marché informatique français écartée.

LA PUBLICITÉ

▲ *Texte d'introduction*

Omniprésente, dans la rue comme au foyer, la pub est aujourd'hui florissante. En 1993, les recettes publicitaires des médias étaient de 46,26 milliards de francs contre 4,68 milliards en 1970. Cet essor est dû à une multiplication des produits, à une concurrence tous azimuts, à une hyperconsommation allant de pair avec une augmentation du pouvoir d'achat et un changement des comportements.

A l'heure actuelle, la publicité est un rouage, si ce n'est une nécessité de la vie économique. Toute puissante, elle a contribué au développement de la production de masse et du libre-service, au maintien de la qualité, de la quantité et du volume rédactionnel des médias. Sans elle, il est probable que les ventes chuteraient, la concentration de la presse écrite s'accentuerait, le nombre de chaînes télévisées diminuerait, le prix des mass médias augmenterait.

Qu'est-ce que la pub et à quoi sert-elle?

Si l'on s'en tient à la définition de J-P Renucci, elle représente 'toute forme de communication faite dans le cadre d'une activité commerciale, industrielle, artisanale ou libérale, dans le but d'encourager la vente de produits et de services'[1]. Pour R. Leduc, c'est 'l'ensemble des moyens destinés à informer le public et à le convaincre d'acheter un produit ou un service'[2].

Le but de la pub est donc d'informer, d'encourager et de convaincre de façon à provoquer l'acte d'achat. Dans ces conditions, l'information publicitaire ne peut pas être neutre, objective. Elle vante les qualités et passe sous silence les défauts d'un produit. D'ailleurs les consommateurs ne s'y trompent pas. D'après un sondage réalisé par la Sofres en 1995, à la question 'à quoi sert la publicité en priorité?', 59% des sondés ont répondu 'à faire acheter', 44% 'à séduire', 33% seulement 'à informer'.

Cependant, elle fait l'objet d'une stricte réglementation. Elle ne peut être ni déguisée, ni mensongère, ni de nature à induire le consommateur en erreur (loi Royer de 1973). Elle ne doit 'encourager aucune discrimination fondée sur la race, la religion ou le sexe'. Sont interdits d'antenne, les boissons ayant plus de 1,2% d'alcool, le tabac, la presse, l'édition littéraire, le cinéma. L'emploi de la langue française est rendu obligatoire (loi du 4 août 1994). Quant à la publicité comparative, elle est régie par la loi Neiertz du 18 janvier 1992, contraignante au point de ne compter que pour 3% à 4% du volume publicitaire. En effet, outre les règles citées plus haut, elle ne doit ni dénigrer, ni discréditer le produit ou la marque comparée, elle est interdite entre les AOC (Appellations d'Origine Contrôlée) et les annonceurs doivent communiquer leur campagne à l'entreprise visée de façon à ce que celle-ci ait le temps de la bloquer. Cette dernière disposition devra être levée lors de la mise en vigueur, prévue pour 1999 au plus tard, d'une directive de l'Union destinée à harmoniser la publicité comparative en Europe.

Pour éviter les abus, il existe une organisation dont la tâche est de vérifier qu'elle est conforme à un code de bonne conduite. Créé en 1935 sous le nom d'Office de Contrôle d'Annonces, le BVP (Bureau de Vérification de la Publicité), est un organisme tripartite, totalement indépendant, composé d'annonceurs, d'agences et de médias. Il traite les plaintes des consommateurs, conseille et vérifie les publicités, rédige des codes d'autodiscipline. Le CSA (Contrôle Supérieur de l'Audiovisuel) a la même fonction pour l'audiovisuel.

Eléments de la publicité

Elle comporte deux aspects: 1. *le message*, qui dépend du public (appelé cible) auquel il s'adresse, qui doit accrocher, attirer, être cohérent et convaincant, car le public filtre l'information et ne retient que ce qu'il veut retenir; 2. *le véhicule*, selon lequel prédominera le composant écrit ou le composant iconique (l'image).

Les véhicules de communication

- La presse écrite, pour laquelle l'insertion d'annonces représente un revenu substantiel. Mais la probabilité de voir tel message dans tel magazine, par exemple est seulement de 10 à 15%. Le prix de l'espace publicitaire varie selon le jour, la rubrique, et est calculé au millimètre-colonne, à la fraction de page, à la page. Ainsi une page quadrichromie dans l'*Express* coûte 145 000 F, 1/4 de page noir/blanc dans *Le Figaro*, 104 000 F.

[1] *Organiser la promotion et la publicité des ventes*, première édition, Clet, p. 60.
[2] *La publicité, une force au service de l'entreprise*, 10ème édition, Dunod entreprise, Bordas, p. 4.

- L'audio-visuel. La radio, où la pub a fait son apparition en France en 1935, a de très nombreux messages d'une durée de 15 à 60 secondes. La télévision, où le gouvernement a autorisé son introduction en 1968, a vu le nombre de spots publicitaires augmenter au fil des ans. La probabilité d'être exposé à un message y est plus forte que pour la presse écrite (de 15 à 25%). Le prix varie en fonction de la chaîne choisie, de la durée et de l'heure de passage. C'est le véhicule de communication commerciale le plus cher. Un spot de 30 secondes à l'heure de plus forte écoute sur TF1 coûte 308 000 F, sur Canal +, 65 000 F; trente secondes de message publicitaire à la radio reviennent à 45 800 F sur Europe 1, 49 100 F sur RTL.
- Le cinéma où la pub est vendue selon le nombre de spectateurs touchés et le nombre de secondes, qui du film publicitaire. C'est le moins cher des grands médias et il représente 0,6% des recettes publicitaires.
- L'affichage, qui tient une place plus importante en France que dans d'autres pays avec 12% du marché publicitaire. Les agences louent un réseau de plusieurs milliers de panneaux pour une période limitée (généralement 7 jours).
- La publicité sur le lieu de vente ou PLV (sur les chariots et des grandes surfaces, etc).
- La publicité directe (publipostage).
- Les foires et salons.
- La publicité itinérante.
- L'emballage du produit.
- Le Minitel.
- L'Internet.

Le choix des médias fait partie d'une politique de communication marketing développée par les entreprises pour cibler une audience précise. En outre, le message doit passer plusieurs fois pour assurer une meilleure mémorisation de l'acheteur potentiel.

Il faut également tenir compte du caractère saisonnier de la pub, avec deux pointes (au printemps et en automne), ainsi que de la forte audience de la télévision en hiver.

Il est d'autant plus difficile de mesurer l'impact d'une campagne de pub que les résultats ne se font pas toujours sentir immédiatement. Il existe des organismes à cet effet, dont l'IREP (Institut de Recherches et d'Etudes Publicitaires) créé en 1957.

L'audiovisuel, une menace pour la presse écrite?

L'introduction progressive de la pub à la télévision a soulevé un tollé général, tant de la part du consommateur français, qui s'y est montré allergique au début, que de la presse écrite, qui s'est sentie menacée dans son existence et a craint un grignotement sensible de ses recettes publicitaires. C'est pourquoi les divers gouvernements qui se sont succédés en France ont pris des mesures destinées à protéger la presse contre une éventuelle fuite des annonceurs au profit de l'audiovisuel. La part de la télévision qui s'élevait à 14,5% en 1981 est passée à 31,2% en 1993 par rapport à 24,7% en 1991. Toutefois, la majorité des recettes publicitaires va toujours pour la presse écrite (48,5%).

A qui fait-on appel pour établir une publicité?

Les entreprises dépourvues de structure marketing peuvent avoir un chef de pub. Celles qui en ont une s'adressent généralement à des agences professionnelles à qui elles confient leur budget publicitaire. Il existe en France une pléthore de petites agences (l'INSEE en dénombre 2585, dont 40% ont moins de 6 salariés) et quelques grands groupes. Certains sont de taille internationale comme Euro RSCG, Publicis FCB, Ogilvy et Mather. Elles s'occupent de la création (trouver le slogan), de la réalisation (le film, la photo, l'annonce), du choix du média-planning (le choix des médias – presse, radio, tv, affichage ou mix; le choix des supports – le titre de journal/magazine, la station de radio, la chaîne de télévision), de l'achat d'espace (la réservation d'un emplacement dans un journal, du temps d'antenne, d'un panneau d'affichage).

Or, depuis 1980, cette dernière spécialisation des agences tend à disparaître au profit des centrales d'achat d'espace par lesquelles passent désormais environ 80% de l'achat d'espace dans la plupart des pays de l'Union Européenne. Elles achètent en gros aux supports, revendent au détail aux annonceurs et prélèvent une marge en faisant jouer le volume. Le Conseil de la Concurrence peut intervenir s'il estime qu'il y a abus de position dominante, les centrales d'achat pouvant favoriser le support qui leur accorde les meilleurs rabais et fausser ainsi le libre jeu de la concurrence.

Peut-on se passer de publicité?

S'il est vrai que son matraquage agace parfois, qu'on a souvent tendance à la zapper, il n'en demeure pas moins qu'elle fait partie intégrante de notre paysage industriel et commercial et que, sans elle, les fabricants auraient bien des difficultés à écouler leurs produits et à en lancer de nouveaux. Il ne semble donc pas que nos sociétés d'hyperconsommation puissent fonctionner sans publicité.

Références

Charon, Jean-Marie *L'état des médias*, La Découverte – Média pouvoir CFPJ, Paris, (1991).
Tableaux de l'économie française 1996–1997, INSEE.
Le BVP Echos, no. 125, (février/mars 1992); no. 147, (novembre/décembre 1995); no. 148, (mars/avril 1996).
'Communication et journalisme', *Revue Avenirs*, no. 472–473, (mars/avril 1996).
'Pub: idées à saisir', *L'entreprise*, no. 131, (septembre 1996).
'Le fiasco de la publicité comparative', *LSA*, no. 1455, (31/08/1995); 'La publicité télévisée est interdite, vive le parrainage!', no. 1509, (17/10/1996).
'En 1998, la pub comparera sans dénigrer', *Libération*, (10/11/1995).
Le Monde initiatives, (16/10/1996).

Avez-vous compris?

Vrai ou faux? Cochez la bonne réponse.

	Vrai	Faux
1		
2		
3		
4		
5		
6		
7		
8		
9		
10		

1 L'augmentation de la concurrence en France est un facteur déterminant de la croissance de l'industrie publicitaire.

2 Le coût des annonces fait augmenter le prix de la presse écrite.

3 Selon les Français, l'objectif de la pub est plus de faire acheter que d'informer.

4 La publicité comparative est en plein essor en France.

5 Ce sont les créatifs qui choisissent le support d'une campagne de pub.

6 Le BVP est un département gouvernemental destiné à réglementer la publicité.

7 Un spot publicitaire à la radio ne doit pas dépasser les 30 secondes.

8 La publicité télévisée est aujourd'hui l'outil de communication le plus important en chiffre d'affaires en France.

9 Les annonceurs préfèrent le cinéma parce qu'il touche l'audience la plus large.

10 Ce sont les agences publicitaires qui achètent l'espace publicitaire dans les journaux.

Points de réflexion

1 'Les frais de publicité s'ajoutent au prix final des produits – et la pub coûte cher. Si on supprimait la publicité, on paierait tous nos achats moins cher.' Qu'en pensez-vous?

2 Distraction, envahissement, spectacle. Que représente la publicité pour vous?

3 D'après vous, la publicité peut-elle cibler les enfants sans garde-fou?

Activités de recherche

1 Faites des recherches sur diverses régions françaises: le Languedoc, la Bretagne, la Champagne, la Charente-Maritime. Trouvez les thèmes qui forment l'identité de la région choisie.

2 La publicité internationale. Faites des recherches dans la presse francophone et anglo-phone, et trouvez des exemples de publicité:

(i) qui sont identiques dans les deux types de presse (texte et image);
(ii) dont l'image est identique dans les deux types de presse, mais avec un texte différent selon le pays de distribution.

Pourquoi, selon vous, a-t-on utilisé une publicité adaptée à la langue du lectorat dans le deuxième cas et une publicité avec le même texte dans le premier?

3 Regardez des spots publicitaires à la télévision française. Repérez les différents thèmes utilisés pour vendre les produits au public français. Remarquez-vous des différences avec la publicité britannique?

4 La publicité de la grande distribution. Comment la société Marks and Spencer a-t-elle procédé pour lancer sa marque en français en France? A-t-elle une stratégie différente dans ce pays par rapport à celle adoptée en Grande-Bretagne? Remarquez-vous une évolution?

B *Texte de compréhension*

FINIE LA DANSEUSE DU PRESIDENT!

Le mécénat d'entreprise se serait-il enfin débarrassé de ses oripeaux de 'danseuse du président'? Les entreprises disent vouloir en faire un outil stratégique de communication. Du coup, sa vocation, qui consistait essentiellement à installer une image valorisante de l'entreprise auprès des leaders d'opinion, s'élargit de plus en plus à d'autres cibles, comme les salariés de l'entreprise. Mais la démarche ne paye que sur le long terme.

12 à 15 millions de francs. Telle serait la somme investie par le groupe LVMH pour parrainer les trois dernières grandes expositions parisiennes au Grand Palais. Un cycle qui, après les rétrospectives Poussin en 1994 et Cézanne en 1995, s'achève cette année avec 'Picasso et le portrait'. Face à un tel investissement, difficile d'associer encore le mécénat au seul fait du prince. *'Aujourd'hui, il est impossible d'imposer de telles opérations à l'interne'*, constate Dominique Goutard, Pdg de Vocatif, conseil en mécénat d'entreprise. *'Il s'agit d'un acte volontariste faisant partie intégrante de la stratégie de l'entreprise.'*

Le mécénat aurait-il enfin gagné ses galons d'outil de communication à part entière? *'S'il existe toujours quelques irréductibles anti-mécénat* [20% des entreprises, selon l'étude de l'Union des annonceurs (UDA)], *la majorité des sociétés a compris qu'à moyen terme le mécénat se révélait relativement économique pour établir une image positive. Il véhicule des valeurs essentielles, comme le beau, le vrai, le bien, le juste'*, remarque Alain Grangé Cabane, vice-président de l'UDA et membre du Conseil supérieur du mécénat.

Les chiffres confirment ce regain d'intérêt. Selon l'Association pour le développement du mécénat industriel et commercial (Admical), 2900 actions de mécénat culturel ont été menées en 1995 (contre 1900 en 1994) par 1100 entreprises (850 en 1994) pour un volume budgétaire estimé entre 900 MF et 1 MdF. Dans le domaine de la solidarité, l'Admical a comptabilisé l'an passé 1200 actions (800 en 1994) dont l'initiative reviendrait à près de 400 entreprises pour un investissement d'environ 700 MF. Soit un marché de l'ordre de 1,5 MdF à 1,7 MdF sur un budget total mécénat et parrainage (TV et sportif) de 3,7 MdF, selon l'étude France Pub.

Certaines entreprises n'ont pas attendu la crise pour mener des actions de fond. Elles ont compris 'l'utilité' sociale, mais aussi économique du mécénat. Sur leur image, d'abord. Selon l'UDA, 62% des entreprises assignent des objectifs institutionnels à leurs opérations de parrainage et 93% souhaitent ainsi promouvoir leur image. Cartier fait figure de référence. Depuis plus de dix ans, au travers notamment de sa fondation créée en 1984, le groupe consacre plus de 30 millions de francs par an à la promotion de l'art contemporain. *'La fondation, qui accueille des expositions douze mois sur douze et a constitué une collection privée de huit cents oeuvres, est un véritable outil de communication. Elle permet d'associer le nom Cartier à l'art, à la création, à l'innovation et à l'époque contemporaine'*, explique Hervé Chandés, conservateur de la fondation, qui ajoute: *'La fondation sert à consolider l'image de la société et à toucher un public jeune qui n'est pas directement intéressé par l'activité de Cartier.'* Autre intérêt, son rayonnement international comme la récente exposition qui se déroule à Pékin, au coeur de la Cité interdite, du *Pot doré* de Jean-Pierre Raynaud.

'La sympathie et le sentiment de proximité vis-à-vis d'une marque ou d'une entreprise ne se décrètent pas, il faut les susciter au quotidien et sur la durée', dit Jean-Paul Richard, directeur marketing de Ricard. En France, sa société fait partie des pionnières du mécénat. Fondée en 1932, Ricard crée en 1966 l'Institut océanographique Paul Ricard. Un an plus tard naissent la fondation et l'Espace culturel Paul Ricard. Depuis, la société a lancé La Bourse de la création Ricard SA des images de synthèse (en 1987), puis en 1988, le Ricard SA Live Music Tour, pour organiser chaque année une trentaine de concerts rock dans toute la France. Dans le contexte de la loi Evin, ces opérations de valorisation de la marque sont loin d'être accessoires.

A. Delcayre, 'Fini la danseuse du président', *Stratégies*, numéro 989, 22.11.1996.

---

gagné ses galons d'outil de communication become established as a promotional tool
irréductibles die-hards
solidarité humanitarian causes
rayonnement standing
parrainage sponsorship
se décréter: ne se décrètent pas cannot be imposed
valorisation de la marque building corporate brand image

Questions sur le texte

1 Quelle était la participation du groupe LMVH dans les trois dernières expositions au Grand Palais?

2 Comment les entreprises françaises jugent-elles le mécénat?

3 Comment peut-on expliquer ce que signifie le mécénat pour une entreprise?

4 Donnez des exemples de mécénat culturel et de solidarité.

5 Pourquoi, à votre avis, la société Cartier a-t-elle créé une fondation d'art contemporain?

6 Le choix de Pékin comme lieu d'exposition et le *Pot doré* comme objet d'art est intéressant. Pourquoi?

7 Quel outil promotionnel utilise Ricard pour valoriser sa marque?

8 Trouvez des équivalences aux phrases suivantes:

   (i)   associer le mécénat au seul fait du prince;

   (ii) fait figure de référence;

   (iii) sont loin d'être accessoires.

Activités

1 Le mécénat humanitaire n'est pas encore très répandu en Grande-Bretagne, ce qui n'est pas le cas pour le mécénat sportif. Pour chacun des sports suivants, trouvez des noms d'entreprises qui ont parrainé des événements sportifs, des équipes ou des individus: le tennis, le cyclisme, le football, la natation, la course de motos et l'équitation. A votre avis, pourquoi ces entreprises ont-elles choisi un sport, un individu ou une équipe plutôt qu'un autre?

2 Le parrainage par les entreprises des concerts de rock, des expositions de peinture, des musées etc, apporte un important avantage financier aux artistes et aux organisateurs. Ce type de parrainage nécessite-t-il un compromis artistique?

3 En France, les écoles de commerce participent tous les ans à des concours de voile. Cette activité est relativement chère. Les étudiants qui veulent y participer cherchent des entreprises qui peuvent leur apporter un soutien financier. Votre école a décidé d'y participer cette année. Divisez-vous en groupes de quatre à six étudiants. Examinez les démarches que vous allez entreprendre pour rechercher des industries susceptibles de vous parrainer. Vous devez déterminer:

(i) Le type (et éventuellement les noms) d'entreprises locales ou nationales qui peuvent être intéressées;

(ii) les arguments que vous allez utiliser pour persuader ces entreprises de vous apporter leur aide;

(iii) la démarche publicitaire que vous allez effectuer.

4 Réunion débat: quel mécénat? Le Pdg de la société Dupont, une grande entreprise qui commercialise des boissons non-alcoolisées a décidé, après avoir lu l'article du texte de compréhension, d'étudier les possibilités de parrainage par la société. Il réunit le comité d'entreprise pour entendre les propositions des différents services de l'organisation. Après une discussion préliminaire, trois propositions semblent être retenues:

Groupe A: Le service marketing propose de sponsoriser la tournée européenne d'un groupe de rock américain qui attire un public surtout jeune. La participation financière dans la tournée serait très importante; la publicité qui en résulterait pour Dupont serait néanmoins énorme, car l'un des concerts à Wembley Stadium sera télévisé et diffusé dans toute l'Europe.

Groupe B: Le service comptabilité propose le parrainage d'une série d'expositions de grands peintres à la Tate Gallery de Londres. Celles-ci attireront un public local et touristique et surtout adulte. La participation financière étant assez modeste, le budget proposé par le Pdg pour le mécénat permettrait deux ans d'expositions de plusieurs peintres.

Groupe C: Le service du personnel propose un mécénat humanitaire. Dupont est l'employeur le plus important d'une grande ville où est situé un hôpital pour enfants chroniquement malades. Le projet consisterait en activités sociales pour les enfants et en un soutien pratique pour les parents. Toute publicité est interdite sauf le bouche à oreille.

La classe se divise en trois groupes pour discuter les trois propositions.

C *Grammar*

The subjunctive

Main uses

(i)   The subjunctive normally appears in a subordinate clause (that is a clause dependent on another, main one) to express what is *thought, felt, wanted, regretted, wished, doubted, feared*; an *appreciation* or an *interpretation* of a fact.

Je souhaite que le contrat soit signé rapidement.
(I wish the contract to be signed quickly.)

Je regrette qu'elle doive partir en mission.
(I am sorry that she has to leave on a mission.)
NB: Je regrette de devoir partir en mission.
(I am sorry to have to leave on a mission.)

Je doute qu'il comprenne ce qui se passe.
(I doubt he understands what is going on.)

(ii)   **After verbs of opinion** (*penser, croire* . . .) used **negatively** or **interrogatively**.

Pensez-vous que la publicité soit délibérément mensongère?
(Do you think that advertising is deliberately dishonest?)

(*But*: Je pense que la publicité est délibérément mensongère.)

Je ne crois pas qu'il faille se dépêcher.
(I don't think it is necessary to hurry.)

(*But*: Je crois qu'il faut se dépêcher.)

(iii) **After impersonal verbs** or **expressions**.

Il est étonnant que nous n'ayons rien reçu.
(It is astonishing that we have received nothing.)

Il vaut mieux qu'il reprenne l'affaire.
(It is better if he takes over the business.)

(iv)   **After conjunctions** such as *bien que, pour que, jusqu'à ce que* and *à condition que*.

Il est de bonne humeur bien que l'affaire ait raté.
(He is in a good mood although the deal did not come off.)

Tapez-moi cette lettre tout de suite pour qu'elle parte au plus vite.
(Type this letter for me straight away so that it goes out as soon as possible.)

Je resterai jusqu'à ce qu'il revienne.
(I will stay until he returns.)

J'engagerai monsieur Beaulieu à condition qu'il connaisse bien l'anglais.
(I will hire Mr Beaulieu provided that he has good English.)

(v)   **In a relative clause** (containing *qui, que* . . .)

Pensez-vous trouver un travail qui vous convienne davantage?
(Do you think you can find work which would suit you better?)

(vi)   **After** *le premier, le dernier, le seul, le plus, le moins, le meilleur qui.*

C'est le seul article qui soit intéressant dans ce journal.
(It is the only interesting article in this paper.)

C'est le meilleur film qu'il y ait à Londres en ce moment.
(It is currently the best film in London.)

(vii) It can also be found **in the main clause after** *que*, as in the expressions:

Qu'il le veuille ou non l'OPA aura lieu.
(Whether he likes it or not, the takeover will happen.)

Qu'il soit bien à l'heure mardi prochain!
(He'd better be on time next Tuesday!)

Formation of the subjunctive

There are 4 tenses, but only 2 are found frequently: the **present** and the **past**.

(i) The present tense is formed with the stem of the 3rd person plural of the indicative present plus -e, -es, -e, -ions, -iez, -ent:

Parler	ils parl-<u>ent</u>	que je parl-<u>e</u>
Finir	ils finiss-<u>ent</u>	que je finiss-<u>e</u>
Mettre	ils mett-<u>ent</u>	que je mett-<u>e</u>

(ii) The past tense is formed with the present subjunctive of *avoir* or *être* plus the past participle:

| Ecrire | que j'aie écrit |
| Sortir | que je sois sorti |

(iii) Irregular verbs most frequently used include:

Etre	que je sois
Avoir	que j'aie
Vouloir	que je veuille
Pouvoir	que je puisse
Faire	que je fasse
Savoir	que je sache
Devoir	que je doive
Falloir	qu'il faille

Structural exercises

A Disagree with the speaker as in the example:

Vous savez bien qu'il est trop tard.
Non, je doute qu'il soit trop tard.

A vous maintenant

1 Vous savez bien qu'il aura le temps.
2 Vous savez bien qu'il ira à Bruxelles.
3 Vous savez bien qu'il attend une promotion.
4 Vous savez bien qu'il y aura des restructurations.
5 Vous savez bien que l'union monétaire se fera.

B Contradict the speaker in the same way as in the example:

Moi, je crois que nous ferons faillite. Et vous?
Non, moi je ne crois pas que nous fassions faillite.

A vous maintenant

1 Moi, je pense qu'il faut une franchise. Et vous?
2 Moi, je crois qu'il y aura une politique d'écrémage. Et vous?
3 Moi, je pense que les centrales d'achat sont trop puissantes. Et vous?
4 Moi, je crois que ce produit est mal positionné. Et vous?
5 Moi, je pense qu'il vaut mieux lancer un autre produit. Et vous?

C This time, you agree with the speaker. Express your wishes, orders or regrets in the same way as the example:

> Est-ce que vous souhaitez l'intervention de l'Etat?
> Oui, nous souhaitons qu'il intervienne.

A vous maintenant

1 Est-ce que vous désirez un arrêt des hostilités?

2 Est-ce que vous aimeriez la participation des ouvriers?

3 Est-ce que vous exigez la libre expression de la presse?

4 Est-ce que vous déplorez l'augmentation du chômage?

5 Est-ce que vous voulez la diffusion du communiqué sur France Inter?

D You are asked about a recent experience. Tell the speaker that it was the best, the worst, the funniest, etc., that you have ever had.

> Il est intéressant l'homme que tu viens de connaître?
> C'est l'homme le plus intéressant que j'aie jamais connu.

A vous maintenant

1 Il est captivant le livre que tu viens de lire?

2 Elle est choquante l'affiche que tu viens de voir?

3 Elle est amusante la pub que tu viens d'entendre?

4 Il est novateur le créatif que tu viens de rencontrer?

5 Il est efficace le produit que tu viens d'utiliser?

Written exercises

Extraits de lettres d'affaires: Mettez les verbes entre parenthèses à la forme correcte.

1 Retard de livraison:
Nous sommes étonnés de ne pas avoir reçu notre commande SD/3506. Il est essentiel que la livraison (être effectué) le 25 mars au plus tard pour que nous (pouvoir) avoir les articles dans nos rayons au moment des fêtes de Pâques.

2 Erreur de livraison:
Bien que les caisses (être étiqueté) correctement, la marchandise reçue ne correspond pas à notre commande.

3 Caisses et articles livrés cassés:
Nous vous prions de conserver les caisses et les articles cassés jusqu'à ce que notre représentant (se rendre) sur place pour procéder à leur expertise.

4 Erreur de tarif:
Nous craignons qu'il n'y (avoir) erreur de votre part. En effet nous avions convenu d'un rabais de 10% par commande de 35 caisses. Or il ne semble pas que la facture (faire) état de ce rabais.

5 Marchandise avariée:

Parmi les boîtes de foie gras que nous avons reçues, 20 nous sont parvenues avariées. Nous insistons pour que vous nous les (reprendre) et que vous nous en (expédier) 20 autres dans les plus brefs délais.

6 Erreur de rappel de règlement:

Nous sommes étonnés que vous nous (avoir envoyé) un rappel de règlement. Il semble que le règlement (avoir été effectué) en temps voulu, ainsi que vous pouvez le constater d'après la photocopie que nous vous adressons ci-jointe.

7 Confirmation d'une date de déplacement:

Nous aimerions que vous nous (confirmer) votre date d'arrivée pour que nous (pouvoir) vous réserver une chambre d'hôtel.

8 Demande de facilités de crédit:

Du fait de nos relations de longue date, nous aimerions que vous nous (accorder) des facilités de crédit.

9 Rabais sur les prix:

Nous sommes prêts à vous consentir un rabais sur les prix unitaires à condition que vous nous (commander) un minimum de 500 tonnes de yaourt bio dans le courant de l'année.

10 Rupture de stock:

Par suite d'une panne de notre système d'ordinateurs, il est fort probable que nous (être) en rupture de stock et que nous (ne pas pouvoir) honorer notre date de livraison.

D *Business language skills*

La rédaction d'une publicité

Analysez les deux publicités à la page suivante 'Pas de trêve pour les rides', et 'L'angoisse des cheveux'.

1 A qui s'adressent-elles? (hommes, femmes, enfants, âge, classe sociale.)
2 A partir d'où s'aperçoit-on qu'il s'agit de publicité?
3 De quelles marques s'agit-il?
4 Le vocabulaire employé fait penser qu'il s'agit d'un article sérieux de quelle nature?
5 Relevez le vocabulaire qui corrobore votre impression.
6 Relevez le vocabulaire frappant.
7 Quelle est la motivation commune à ces deux publicités et qui poussera le client éventuel à acheter?
8 Relevez le vocabulaire relatif à cette motivation.
9 Dans quel endroit peut-on se procurer les produits en question? Peut-on les acheter ailleurs?
10 Selon vous, ce sont des produits bon marché, chers, d'un prix moyen?

PAS DE TRÊVE POUR LES RIDES

Progrès des chercheurs américains

NEW YORK – Les U.S.A. sont le pays de la jeunesse? Il semblerait que oui, à en juger par le budget investi pour vaincre les signes de l'âge.

Un signal des progrès des chercheurs vient d'un test commissioné par une société de cosmétiques pour pharmacies à l'IRSI de New York et conduit par le dermatologue Daniel Gormley sur une pommade contre les rides.

Gormley affirme: 'Appliquée sur une vingtaine de volontaires, la pommade a montré une grande efficacité dans la réduction des rides, tant en profondeur qu'en nombre'. Décrivant le test il a déclaré: 'La pommade a été appliquée sur la moitié du visage de personnes âgées de 45 à 60 ans. A la fin du traitement, nous avons relevé une amélioration de la zone traitée d'au moins quatre fois supérieure par rapport à la partie non traitée.

Distribuée par Korff (dont le siège est à New York) cette pommade arrive aussi dans les pharmacies françaises, en deux versions à utiliser selon le conseil du pharmacien: Anti Age Retard pour un résultat visible en quelques mois, et Anti Age Super pour une action énergique, même pour les peaux âgées de plus de 50 ans.

(Source: *Le Monde*, 8–9 septembre, 1991.)

Une découverte de la recherche suisse

'L'ANGOISSE DES CHEVEUX'

BALE – Ceux qui perdent leurs cheveux (en France c'est une véritable multitude) deviennent bientôt, et presque toujours, des obsédés de la chevelure. Pour eux, trouver une solution équivaut à vider l'océan avec une cuillère: impossible, malgré toute la bonne volonté.

Il semble que ce soit la Suisse la patrie destinée à apporter une aide concrète à ceux qui sont le plus hantés par ce problème.

C'est de là-bas qu'arrive la nouvelle d'une récente découverte des chercheurs des laboratoires d'une société de Bâle (Cosprophar Labo). Telle découverte paraît destinée à ramener la sérénité à ceux qui aujourd'hui vivent l'angoisse de la chevelure. La nouveauté est une préparation cosmétique à base de Nicoténil (association de deux molécules et d'un vasodilatateur à usage topique).

La préparation, testée par le professeur Ernst Fink du Therapy and Performance Research Institute de Erlangen sur des volontaires qui en ont fait usage pendant trois mois, a donné des résultats positifs pour la plupart des sujets traités. Le seul effet négatif a été une légère rougeur, qui dure à peu près une heure, au point d'application.

Cette découverte de la chimie suisse, commercialisée sous le nom de Labo, après l'extraordinaire accueil reçu des pharmaciens des bords du lac Léman, arrive aussi dans quelques pharmacies françaises.

(Source: *Le Monde*, 11 septembre, 1991.)

Unit 9 La publicité

Vasodilatateur: se dit des nerfs qui commandent la dilatation des vaisseaux.
Topique (adjectif et nom): médicament qui agit sur un point déterminé du corps.

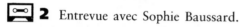 **Activités**

1 Vous travaillez pour les laboratoires X. On vous a chargé d'écrire une publicité pour son nouveau produit: une lotion après rasage pour homme, qui ne pique pas, qui ne produit pas d'allergie, qui laisse la peau douce et qui dégage une odeur subtile et agréable.

Rédigez une publicité en ce sens d'après les modèles ci-dessus.

2 Entrevue avec Sophie Baussard.

Posez ces mêmes questions à vos camarades de classe. Analysez-en les résultats. Faites une comparaison relative entre les attitudes anglaise et française.

Unit 10

L'ENTREPRISE FRANÇAISE AUJOURD'HUI

A *Texte d'introduction*

Les entreprises françaises sont caractérisées par leur extrême diversité et leur division en un secteur nationalisé et un secteur privé. On y distingue les PME (petites et moyennes entreprises) avec des effectifs de moins de 500 personnes, des entreprises de très grande taille.

En 1994, 96% des entreprises industrielles avaient entre 20 et 499 salariés, réalisaient 48% du CA de l'industrie et 28% des exportations. En 1996, 80% des PME avaient entre 10 et 49 salariés.

Cette année-là, 90% du CA étaient réalisés par les quatre premières entreprises où dominent les monopoles d'Etat. Celui-ci est important dans l'énergie (EDF, GDF, CEA, Charbonnages de France) et les transports (SNCF, RATP, Air France).

Toutefois la situation est en train de changer. Le rôle de l'Etat est remis en question avec l'ouverture du secteur public à la concurrence et la loi de privatisation de 1993 qui accentue le mouvement amorcé lors de la première cohabitation sous le mandat de François Mitterrand. En 1994, l'Etat contrôlait 300 entreprises de moins que l'année précédente, soit 2351, et le secteur public comptait pour 7,7% des emplois salariés. Ont été privatisées la BNP et Rhône-Poulenc en 1993, Elf Aquitaine et UAP en 1994, la SEITA, Usinor Sacinor en 1995, Renault l'année suivante. France Télécom est devenue une S.A. et fourbit ses armes pour l'ouverture des télécommunications à la concurrence en janvier 1998.

Parmi les entreprises françaises les plus performantes en 1996 on trouve Elf Aquitaine (énergie/produits pétroliers) EDF (énergie/électricité), Renault (automobile), Alcatel Alsthom (groupe diversifié/électrique et électronique), PSA Peugeot-Citroën (automobile), Total (produits pétroliers).

Petites ou grandes, celles-ci sont en butte à l'internationalisation et une concurrence exacerbée. Elles doivent donc faire montre d'une grande pugnacité pour survivre.

Si la création d'entreprises a marqué une progression régulière jusqu'en 1995, un recul de natalité a frappé presque tous les types d'entreprises l'année suivante. La moitié des faillites est le fait d'entreprises qui n'ont pas réussi à passer le cap de trois ans et le taux de dépôts de bilan est nettement plus élevé en Ile-de-France et en Provence-Côte d'Azur.

Les fonctions de l'entreprise

Ses fonctions principales, décider et produire sont effectuées grâce à son organisation dont on peut voir *infra* deux exemples de représentation graphique (ou organigramme).

Selon la taille de l'entreprise, les postes sont plus ou moins nombreux, voire amalgamés. De manière générale, les tâches sont réparties de la façon suivante:

- A la direction, on gère et coordonne les diverses activités, on indique les objectifs à court, moyen et long terme, on s'assure de la qualité des produits.
- A l'administration, on fait connaître les directives, on applique les droits des empolyés, on sert de lien avec l'extérieur.
- A la production, on veille à l'amélioration des méthodes de travail et du rendement du personnel, ainsi qu'à l'ordonnancement du processus de fabrication.
- Au commercial, on s'occupe de commercialiser le produit, de constituer un circuit de distribution, d'assurer l'après-vente.
- Au marketing, souvent confondu avec le commercial, on se charge des études de marché, de la recherche de nouveaux produits et de la publicité.
- A la logistique, le poste finance a pour mission l'obtention des capitaux nécessaires aux politiques de l'entreprise, l'évaluation des investissements à faire. Le poste compatibilité, le mouvement quotidien des fonds de la société. Le poste approvisionnement, la fourniture en équipement, en matières premières, les stocks.
- A la maintenance, on assure l'entretien de l'équipement, son bon fonctionnement.
- Aux ressources humaines, on gère le personnel.

Toute entreprise, pour être compétitive a pour objectif d'améliorer sa productivité. Vu la conjoncture et la volatilité des marchés, elle doit sans cesse se remettre en cause et changer de stratégie au gré des événements, éviter de se laisser prendre au dépourvu. Depuis les années 80 surtout, on reconnaît que la réussite dépend de tout un ensemble de forces, du management d'une part, des employés de l'autre. D'où la nécessité d'une bonne formation qui permette responsabilisation et initiative de leur part. Ainsi, à l'heure actuelle, certaines sociétés consacrent jusqu'à 8% de la masse salariale en formation. D'où également la nécessité de la représentation du personnel au sein de l'entreprise, fonction principale des comités d'entreprise.

Les comités d'entreprise

Obligatoires dans toutes les entreprises privées et les établissements publics avec des effectifs d'au moins 50 salariés, les comités d'entreprise sont des organismes élus par un vote secret de tous les employés.

Leur composition est hétérogène et comporte: le président de la firme et des membres élus du personnel dont le nombre varie selon les effectifs de l'entreprise (3 pour celles de 50 à 75 salariés; 4 pour celles de 75 à 100 salariés, 5 pour celles de 101 à 500). Un cadre doit également être membre pour les sociétés de plus de 50 salariés ou ayant 25 cadres. Des représentants syndicaux de l'entreprise en font également partie.

Ils se réunissent au moins une fois par mois à la demande du président et leurs décisions sont prises à la majorité des membres présents.

Ils assistent aussi aux conseils d'administration ou de surveillance, mais seulement avec un pouvoir consultatif sur la gestion économique, financière et technique. Ils donnent des suggestions sur ce qui est collectif. Ils doivent être informés et consultés sur les mouvements des effectifs (mais ils n'interviennent pas sur les licenciements individuels), sur les conditions et les horaires de travail, le règlement intérieur, le montant des salaires, les dates des congés payés.

Par contre, ils ont pratiquement les pleins pouvoirs quant à la gestion des oeuvres sociales et des services sociaux: cantines, crèches, associations sportives, colonies de vacances, services médicaux, hygiène et sécurité.

Il y a des comités obligatoires sur la formation professionnelle, l'aide au logement, l'amélioration des conditions de travail et la situation économique de la société.

S'il est intéressant que le gouvernement ait introduit la concertation dans les entreprises en instituant, entre autres, les comités d'entreprise, il n'en reste pas moins que leur rôle demeure limité du fait qu'ils ont seulement voix consultative sur la gestion des sociétés et que le pouvoir de direction est entièrement entre les mains du gérant, du Pdg ou du directoire.

Les entreprises françaises ont des formes juridiques distinctes selon le type de société dont voici les deux les plus répandus: les S.A.R.L. (sociétés à responsabilité limitée) et les S.A. (sociétés anonymes) qui sont des sociétés de capitaux.

	La S.A.R.L.	La S.A.
Membre:	a) Unipersonnelle: 1 associé unique b) Pluripersonnelle: 2 à 50 associés Ne sont pas des commerçants	Au moins 7 actionnaires ne sont pas des commerçants
Capital minimum:	50 000 F	1 500 000 F avec appel public à l'épargne 250 000 F sans appel public à l'épargne
Droits sociaux:	Parts sociales	Actions
Responsabilité des associés:	Limitée à leur apport	Limitée à leur apport
Cession des parts:	Sur consentement à la majorité Nécessité d'un acte	Libre Peut se faire sans acte
Nom de la société:	Dénomination sociale S.A.R.L.	Dénomination sociale S.A. capital x FF
Organes de gestion:	Un ou plusieurs gérants	Conseil d'administration (qui désigne le Pdg) *ou* directoire et conseil de surveillance
Organe de contrôle de la gestion:	Commissaire aux comptes	Commissaire aux comptes
Fiscalité:	Impôt sur le revenu des personnes morales[1] ou option pour impôt sur le revenu des personnes physiques[2] pour une S.A.R.L. de famille	Impôt sur le revenu des personnes morales
Bourse:	—	Peut être ou non cotée en Bourse
Assemblée Générale (AG):	Réunion au moins une fois par an – pour la modification éventuelle des statuts, la cession des parts sociales, etc.	AG ordinaire – une fois par an – pour les comptes, la répartition des résultats, l'élection des membres du conseil d'administration ou de surveillance. AG extraordinaire – pour un changement de statuts.

[1] personne morale = une société, une association etc, par opposition à
[2] une personne physique = un individu.

Les organes des S.A. varient selon qu'elles appartiennent au modèle traditionnel ou au nouveau dont voici le schéma:

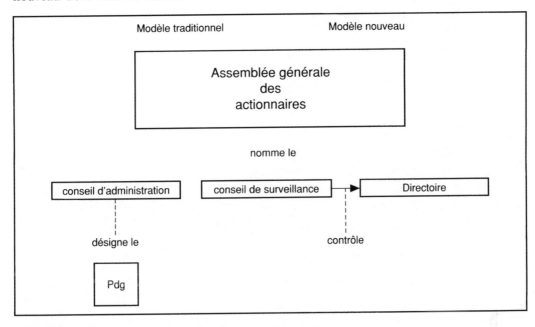

La croissance des entreprises

Pour être saine, une entreprise doit croître. Elle y parvient de deux manières:

a) **interne,** en augmentant la capacité de production par un apport de capitaux, des locaux plus vastes, un équipement renouvelé et performant, un personnel mieux formé et plus productif;

b) **externe,** en rachetant d'autres entreprises par des prises de participation, des fusions, des OPA (offres publiques d'achat) amicales ou inimicales, opérations dont le but est l'effet de taille et de synergie. On remarque ce processus surtout dans les secteurs à forte croissance. Ainsi Air France a fusionné avec Air Inter, Axa avec UAP, Canal + avec Nethold, France Télécom s'est alliée avec Deutsche Telekom/Sprint. Auchan a lancé une OPA hostile sur Docks de France. Le marché des fusions et acquisitions a représenté 242 milliards en 1995.

La cotation en Bourse

Les entreprises les plus importantes sont cotées en Bourse. Depuis quelques années, l'introduction du second marché, aux conditions plus souples, permet à des sociétés plus petites d'entrer en Bourse et de s'accoutumer aux transactions qui s'y passent. Ce second marché sert de palier au marché officiel et permet aux entreprises qui ont réussi à prendre une expansion suffisante de pouvoir être cotées.

L'entreprise française au XXIe siècle

Si certaines particularités distinguent l'entreprise française de ses concurrentes européennes et américaines – une organisation très hiérarchique, une préférence pour de longues négociations, une administration parfois très lourde, un capitalisme fait de participations croisées, un système élitiste au sein duquel tout fonctionne par cooptation – les défis économiques et commerciaux auxquels elle se trouve confrontée sont les mêmes: un marché à l'échelle mondiale, un client plus exigeant, une technologie plus performante.

Les PME ont-elles leur place dans un monde dominé par les grandes entreprises? Les petites se sont bien défendues dans les années 80 grâce à l'esprit d'entrepreneur et à la volonté de gérer leur propre affaire. En fait le secteur des petites entreprises se renouvelle constamment. Ce sont plutôt les entreprises de taille moyenne qui ont tendance à disparaître.

Quelle que soit la taille de l'entreprise, les priorités des gestionnaires demeurent les mêmes: investir dans la formation du personnel; instaurer un esprit d'équipe; satisfaire le client; s'adapter à une technologie qui se renouvelle sans cesse et surtout innover.

Références

Jeaneau, Y. *La législation du travail*, Nathan collection 'repères pratiques', (1996/1997).

Collin, André *Organisation de l'entreprise* Clé international, (section gestion, français fonctionnel), (1984).

Tableaux de l'économie française 1996–1997, INSEE.

'Jean-Louis Beffa juge dix ans de privatisations à la française', *Les Echos*, (25/11/1996).

'Les 500 premiers groupes français 1996', *Enjeux*.

L'entreprise, Atlas, (1997).

L'Expansion, no. 537, (21/11/1996); no. 539, (19/12/1996).

Duprilot, Jean-Pierre et Fieschi-Vivet, Paul *Les comités d'entreprise*, Collection 'Que sais-je?', PUF, (1982).

ORGANIGRAMME D'EFFIX 1996

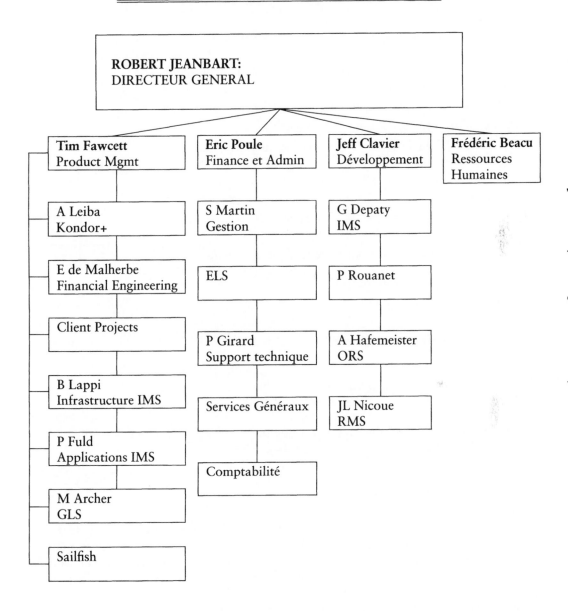

Avez-vous compris?

Vrai ou Faux? Cochez la bonne réponse.

	Vrai	Faux
1 La plus grande partie du CA des entreprises est réalisé par un très petit nombre d'entreprises privées.		
2 Le rôle de l'Etat demeure inchangé en France. Il sera toujours prépondérant.		
3 La fonction marketing est souvent assumée par le service commercial.		
4 On a pu remarquer une progression constante du taux de natalité des entreprises.		
5 Elf Aquitaine est une société de grande taille qui bat de l'aile.		
6 Les comités d'entreprise sont tout puissants.		
7 Pour asseoir leur influence sur le marché mondial les entreprises font des OPA.		
8 On trouve un Pdg à la tête d'une S.A.R.L. de type traditionnel.		
9 Le second marché habitue les entreprises aux aléas de la Bourse.		
10 Les entreprises françaises ont le culte de la hiérarchie.		

Points de réflexion

1 Qu'est-ce qui explique la diminution du rôle de l'Etat dans les grandes entreprises françaises?

2 Le comité d'entreprise n'existe pas en tant que tel en Angleterre. Pourrait-on s'en passer en France, et si oui, quelles en seraient les conséquences?

3 La globalisation – une opportunité ou une menace pour les milliers de petites entreprises françaises?

Activités de recherche

1 Certains chefs d'entreprise ont beaucoup influencé l'entreprise française par leur style de gestion, à savoir M.-E. Leclerc (Leclerc), Philippe Boulanger (Disneyland Paris), Christian Blanc (Air France). Commentez le développement de la carrière de l'un ou l'autre de ces hommes en mettant en lumière leurs idées sur la gestion de l'entreprise.

2 Comment explique-t-on la force des entreprises françaises dans l'agro-alimentaire, l'aéronautique et l'automobile? Quels sont les concurrents étrangers qui représentent les plus grandes menaces pour ces entreprises?

3 Choisissez un secteur de l'économie française, comme par exemple le petit commerce, la plomberie, la restauration, etc, où les PME sont toujours importantes. Comment explique-t-on la réussite de ces entreprises?

B *Texte de compréhension*

RENAULT, PSA: PORTRAIT CROISE DE DEUX PRETENDANTS

Ils tiennent depuis peu les rênes opérationnelles des deux constructeurs, et ils devront dessiner le futur de l'automobile française. Carlos Ghosn (Renault), Jean-Martin Folz (PSA): deux managers au banc d'essai.

Voilà deux ans à peine, ils étaient inconnus du gotha français de l'automobile. Aujourd'hui, ils ont l'écrasante responsabilité de préparer le futur de PSA et de Renault.

Jean-Martin Folz, 49 ans, a été recruté par la famille Peugeot en juin 1995. Pendant six mois, il a découvert sur le terrain les secrets du métier, dont il ignorait tout. En janvier 1996, il était nommé directeur général délégué d'Automobiles Peugeot, puis, en avril dernier, directeur de la division automobile de PSA à la suite du départ de Jean-Yves Helmer (qui était son plus sérieux concurrent dans le groupe) pour la Délégation générale pour l'armement. Une situation de n°2 officieux, au confluent de toutes les décisions stratégiques, en attendant septembre 1997, date à laquelle Jacques Calvet, 65 ans, devrait prendre sa retraite.

Chez Renault, Carlos Ghosn, 42 ans, est dans une situation différente. Nul ne se hasarderait à le désigner déjà comme le successeur de Louis Schweitzer, qui, à 54 ans, est encore loin de la retraite. Mais Carlos Ghosn a reçu un véritable blanc-seing des mains du PDG de Renault, venu le débaucher de son poste de directeur de Michelin-Amérique. Cet homme de confiance de François Michelin s'est vu offrir sur un plateau le poste de directeur général adjoint, membre du comité exécutif chargé de la recherche, des achats, de l'ingénierie véhicules, de la mécanique et des fabrications – fonctions qu'il occupe officiellement depuis le 15 décembre dernier. Son seul rival, Patrick Faure, le directeur commercial de Renault, doit se débattre avec une baisse de 5 points de pénétration de la marque sur le marché français.

Folz-Ghosn: les deux hommes prennent les rênes opérationnels d'une industrie confrontée au doute. Car les deux constructeurs nationaux sont désormais à l'étroit en Europe, où ils réalisent 85% de leurs ventes. Un marché qui combine le désavantage d'avoir atteint sa maturité (3% de croissance annuelle pour la prochaine décennie) au moment où la concurrence des Japonais, des Coréens et des Américains est sur le point de s'y exacerber avec l'ouverture totale des frontières prévue pour 1999.

Autre handicap: leurs effectifs sont vieillissants (Jacques Calvet et Louis Schweitzer réclamaient récemment l'aide de l'Etat pour faciliter le départ de 40 000 employés âgés de plus de 50 ans), et fort coûteux au regard du prix de la main d'oeuvre très compétitif de ceux qui produisent à l'est ou au sud de l'Europe. Les deux constructeurs vont donc être obligés, pour gagner en productivité, d'adapter une nouvelle fois la taille de leurs effectifs dans l'Hexagone. Et de créer de nouvelles unités de production afin de regagner sur les marchés émergents les positions perdues en Europe.

Or, dans ce domaine, beaucoup reste à faire. PSA peine en Chine – 10 000 véhicules prévus en production au lieu des 16 000 planifiés –, et est peu présent en Amérique du Sud. Renault a inauguré son usine de Curitiba, au Brésil, en 1996, quand les unités brésiliennes de Fiat ou de Volkswagen, implantés depuis des années, tournent déjà à plein régime.

C'est parce que cette situation instable appelle beaucoup d'idées nouvelles que Renault et PSA, si prompts habituellement à se démarquer l'un de l'autre, ont adopté la même attitude: recruter hors de leur sérail les dirigeants qui négocieront le dangereux virage de la fin du siècle. *L'Expansion* en dresse le portrait croisé.

Leur Parcours

Carlos Ghosn: pur produit de l'école Michelin

Brésilien de naissance, libanais d'origine, français d'adoption, Carlos Ghosn, 42 ans, est passé par le moule de Polytechnique avant d'obtenir son diplôme d'ingénieur des Mines. Chez Michelin, où il entre à l'âge de 24 ans, la progression de sa carrière est fulgurante. Dès le début, il a une foi absolue dans ses capacités de leader, comme en témoigne Jean-Paul Cheno, qui fut son condisciple à l'X et l'un de ses proches collaborateurs. Après avoir été chef de fabrication de l'usine de Cholet entre 1981 et 1983, il devient directeur de l'usine du Puy, puis responsable recherche et développement de l'unité spécialisée dans les gros pneus. Il accède à son premier poste de management comme responsable de Michelin au Brésil, A 36 ans, il prend la tête de la firme aux Etats-Unis, où il aura une double mission: fusionner les usines Uniroyal Goodrich avec celles de Michelin, puis veiller à la formation industrielle d'Edouard Michelin, fils de François, Il devient un personnage central dans la nouvelle organisation: cumulant des responsabilités en termes de produit et de zone (Michelin-Amérique), il est à la tête de plus de 40% du chiffre d'affaires du groupe. Pourquoi en est-il parti? Sans doute parce qu'il n'avait aucun espoir d'accéder à la présidence–et que l'offre de Renault était de celles auxquelles on ne résiste pas.

Jean-Martin Folz: converti à l'industrie lourde

Frais émoulu de Polytechnique, X-Mines, Jean-Martin Folz, 49 ans, a commencé sa carrière dans les cabinets ministériels de Vincent Ansquer (Commerce et Artisanat) puis d'Antoine Rufenacht (Qualité de la vie) apprès un séjour à la Maison de France au Japon. Encore fonctionnaire, il se fait remarquer par Jean Gandois, alors à la tête de Rhône-Poulenc, qui le recrute comme chargé de mission, puis lui confie la direction de l'usine de Saint-Fons, où ses talents de négociateur feront merveille lors d'un conflit avec la CGT. Promu directeur général adjoint, il quitte Rhône-Poulenc, appelé par Didier Pineau-Valencienne, pour passer chez Jeumont-Schneider, dont il assumera la présidence jusqu'en 1987. Il retrouve alors Jean Gandois, qui le nomme directeur général de Pechiney. A 40 ans, il fait figure d'héritier naturel du patron. Jusqu'au jour où une lutte pour le partage du pouvoir l'oppose à Jean-Pierre Ergas, lors du rachat de l'américain American Can. Il n'a pas le dessus, quitte Pechiney et prend la tête d'Eridania Béghin-Say. Régulièrement pressenti comme successeur officiel à des postes d'envergure (Saint-Louis, Alcatel, Jeumont-Schneider), Folz se voit attribuer l'étiquette d'éternel présidentiable, jusqu'au jour où la famille Peugeot, qui l'avait déjà approché en 1991, lui propose la succession de Jacques Calvet.

J-L Barberi, 'Renault PSA: portrait croisé de deux prétendants' *L'Expansion*, 19.12.1996.

Questions sur le texte

1 Jean-Martin Folz:

(i) Quel type de formation a-t-il eue dans l'industrie automobile?
(ii) Quel était son premier poste dans le privé?
(iii) Pourquoi a-t-il quitté Péchiney?

2 Carlos Ghosn:

(i) Quel type de poste a-t-il occupé chez Michelin?
(ii) Pourquoi l'appelle-t-on un 'homme de confiance' de François Michelin?

3 A quelle situation commerciale sont confrontés ces deux hommes?

4 Comment peuvent-ils surmonter le handicap des effectifs vieillissants?

5 Dans quelle mesure Renault et PSA ont-elles recruté 'hors de leur sérail'?

6 Et pourquoi?

158

Activités

1 Faites un sondage parmi vos camarades de classe sur les deux entreprises Renault et PSA Peugeot-Citroën. Quelle est l'image donnée par ces deux fabricants à travers:

(i) leur gamme de voitures;
(ii) leur publicité?

2 Quels sont les avantages et les inconvénients pour une entreprise de la retraite anticipée?

3 Quelles régions du globe représentent la plus grande menace, en termes de concurrence, pour l'industrie française: L'Europe de l'Est, L'Amérique du Sud? L'Asie?

4 Une entreprise française forte implantée dans le secteur agro-alimentaire, cherche de nouveaux créneaux pour ses produits en dehors de la France. La Grande-Bretagne se trouve parmi les pays ciblés par l'entreprise, grâce à sa conjoncture favorable et à sa proximité géographique. En vous appuyant sur vos connaissances pratiques des consommateurs britanniques en matière de produits alimentaires, et surtout de leur attitude face aux produits français, faites des propositions à l'entreprise sur:

- le type de produits potentiels;
- la politique de prix;
- la publicité.

5 Préféreriez-vous débuter votre carrière dans une petite ou une grande entreprise? Dites pourquoi.

C *Grammar*

The conditional

The conditional in French is usually used to express the same notion as *would*, *could* or *should* in English, though these words are not always the correct translations of the conditional in French. While the formation is fairly straightforward, some care is required in using it as the tone or nuance of the language may be affected.

Formation

(i) The **conditional** is formed in the same way as the future tense, by adding **endings** to the infinitive; this time, the endings *-ais, -ais, -ait, -ions, -iez, -aient* of the **imperfect** of *avoir*.

Thus, verbs irregular in the future will have the same irregularity in the conditional tense.

	future	*conditional*
Conserver:	je conserverai	je conserverais
Finir:	tu finiras	tu finirais
Sortir:	il sortira	il sortirait
Prendre:	nous prendrons	nous prendrions
Etre:	vous serez	vous seriez
Avoir:	ils auront	ils auraient
Falloir:	il faudra	il faudrait

(ii) The **conditional perfect** is formed by using the conditional of *avoir* or *être* plus the past participle.

Conserver	j'aurais conservé
Finir	tu aurais fini
Sortir	il serait sorti
Prendre	nous aurions pris
Etre	vous auriez été
Avoir	ils auraient eu
Falloir	il aurait fallu

Uses

The following situations require the use of the conditional:

(i) Hypothesis or conjecture.

Les entreprises seraient plus compétitives avec une taille plus grande.
(Businesses would be more competitive if they were bigger.)

Je connais quelqu'un qui pourrait te renseigner.
(I know someone who might be able to give you some information.)

The following usage is found typically in the press:

D'après les sondages, la cote du chef de l'Etat aurait baissé.
(According to the opinion polls, the rating of the head of State has gone down.)

Note the use of the present perfect tense in English.

(ii) Politeness. As in English, the conditional offers a polite alternative in requests and commands.

Je voudrais visiter les ateliers de montage Peugeot.
(I would like to visit the Peugeot assembly lines.)

Je vous serais reconnaissant de me faire parvenir votre catalogue dès que possible.
(I would be grateful if you would send me your catalogue as soon as possible.)

(iii) Expression of a future idea: especially after verbs or expressions such as: *être sûr/ certain que, annoncer que, affirmer que, déclarer que, dire que* . . . in the past tense.

Le Pdg a annoncé que la fusion aurait bientôt lieu. Mais il a promis que personne ne serait licencié.
(The managing director announced that the merger would soon take place. But he promised that nobody would be made redundant.)

La secrétaire m'a affirmé qu'elle finirait son travail avant de partir.
(The secretary assured me that she would finish her work before leaving.)

J'étais sûr qu'on nous inspecterait d'un moment à l'autre.
(I was sure that we would be inspected at any time.)

(iv) **'If' clauses**: after *si* and its derivatives *même si, sauf si, excepté si, comme si.*

A condition of the present situation is expressed with the imperfect tense, followed or preceded by the present conditional in the main clause.

Si j'avais le temps, je suivrais un stage en management.
(If I had the time, I would go on a management training course.)

Si nous avions les fonds nécessaires, nous monterions une S.A.R.L.
(If we had the necessary funds, we would set up a limited company.)

Elle n'accepterait pas le poste, même si le directeur du personnel insistait.
(She would not accept the position even though the personnel manager insisted.)

Il irait à Lyon demain, sauf s'il avait une réunion urgente au dernier moment.
(He would go to Lyons tomorrow unless he had an urgent meeting at the last moment.)

Comme si ça ne suffisait pas avec tout ce que j'ai à faire, il voudrait encore que je lui donne un coup de main après 6 heures!
(As if it were not enough, with all the work I have to do, he wants me to help him after 6 pm!)

An unreal or past condition is expressed using the **past perfect** in the *si* clause, followed or preceded by the **conditional perfect** in the main clause.

Je vous aurais volontiers passé le rapport sur l'OPA si vous me l'aviez demandé.
(Had you asked me, I would willingly have given you the report on the takeover.)

(v) Other common expressions which require the conditional in French are: *au cas où* and *quand bien même.*

Au cas où ma voiture ne serait pas réparée, j'aurais du mal à me rendre au siège de Vélizy.
(If my car were not repaired, I would find it difficult to get to the Vélizy head office.)

Quand bien même on ferait des restructurations, on aurait des difficultés à remettre la société sur pied.
(Even if there were some restructuring, it would be very difficult to put the company back on its feet.)

🔊 Structural exercises

A Someone makes you an offer you cannot refuse. Respond enthusiastically, as in the example:

Ça vous dirait d'aller aux Antilles?
Ça oui alors! J'irais volontiers.

A vous maintenant

1 Ça vous dirait de boire du Calvados?
2 Ça vous dirait de travailler dans notre filiale de Sophia Antipolis?
3 Ça vous dirait de reprendre de ce magret de canard?
4 Ça vous dirait de vous rendre au congrès de Poitiers?
5 Ça vous dirait de faire partie de l'équipe de marketing?

B Give a conditional answer to the following direct questions, as in the example:

> Si la récession continue, nous ferons faillite?
> Oui, si la récession continuait, nous ferions faillite.

A vous maintenant

1 Si vous êtes à Lille cet été, vous passerez voir notre filiale?

2 Si ça marche bien, nous pourrons être cotés en Bourse?

3 Si nous faisons une pub mensongère, nous serons poursuivis en justice?

4 Si l'Etat n'enraye pas le chômage, la situation deviendra catastrophique?

5 Si nous investissons en fabrication de produits propres, nous aurons un avantage compétitif?

C Because of a past action, you are told something is now inevitable. You say it would have happened anyway. Listen to the example, and respond to the following points in the same way.

> Comme on ne l'a pas invité, il ne viendra pas au symposium.
> Même si on l'avait invité, il ne serait pas venu.

A vous maintenant

1 Comme elle n'a pas été promue, elle démissionnera.

2 Comme vous n'avez pas voulu vous déplacer, on ne vous confiera rien d'important.

3 Comme leur maison n'a pas été évaluée, ils ne pourront pas la vendre au prix du marché.

4 Comme je n'ai pas fait le stage en desk top publishing, on me renverra.

5 Comme ils n'ont pas fait assez de ventes, ils devront fabriquer des produits de meilleure qualité.

Written exercises

A Fill in the gaps with the following verbs. (Some verbs may be used more than once.)

B Transform the following direct questions into reported questions, as in the example.

> Monsieur Colin, à quelle heure commencera la réunion syndicale?
> J'ai demandé à monsieur Colin à quelle heure commencerait la réunion syndicale.

1 Madame Marouille, qui ira avec vous à Toulouse?

2 Bernard, quand signera-t-on le contrat avec la société Ducros?

3 Dites donc, Mademoiselle Béron, pourquoi faudra-t-il passer le dossier X20 au service ventes?

4 Monsieur Chardin, quand aura lieu la prochaine réunion du comité d'entreprise?

5 Dites-moi, Jean-Claude, où se passera l'assemblée extraordinaire des actionnaires?

> *agréer, aimer, avoir, être, faire, passer, pouvoir,*
> *prendre, répondre, rester, savoir, situer, vouloir*

```
Monsieur,

  Ma femme et moi (...) (...) une semaine dans votre hôtel
centralement (...) du 16 au 18 juillet prochain inclus.
  Nous (...) (...) si par hasard il vous (...) une chambre
avec lit de deux personnes, salle de bains et toilettes de
libre pour la période indiquée ci-dessus.
  (...)-vous nous (...) (...) une liste de vos prix, petit
déjeuner compris?
  En outre, (...)-il possible de (...) les repas, soit à
midi, soit le soir, et d'(...) ainsi un prix de demi-pension?
  Nous vous (...) reconnaissants de nous (...) le plus rapidement
possible de façon à ce que nous (...) prendre nos dispositions.
  Dans l'attente de votre réponse, (...) (...), Monsieur,
l'expression de nos sentiments les meilleurs.



Robert Delaunay
```

C It is more polite to use a conditional when you are making a request. Translate the following into French:

1 Would you be kind enough to tell me the names of the personnel representatives in the company?

2 It would be nice of you if you booked a room for them at the Novotel.

3 I would like to put you in charge of organising a tour of the factory next Thursday.

4 We would be most obliged if you would forward us an up-to-date price list of your green products as soon as possible.

5 I would be grateful if you could make an appointment to see me during my next stay in Bordeaux. I shall be there from the 21st to the 27th of this month.

D Match the phrases (1–5) on the left with an appropriate phrase from the list on the right (a–e):

1 Si c'était une société anonyme

2 Si ça avait été une société anonyme de type traditionnel

3 S'il s'agissait d'une société civile

4 Si notre société avait réuni les conditions requises

5 Si le second marché n'existait pas

(a) elle aurait été agréée par un conseil d'administration.

(b) ce serait plus difficile de passer au marché officiel.

(c) elle aurait pu être cotée en Bourse.

(d) les associés seraient responsables jusqu'à concurrence de leur apport.

(e) elle aurait été dirigée par un Pdg.

163

D *Business language skills*

La technique du résumé

Un chef d'entreprise n'a jamais le temps de lire tout ce qu'on lui donne à commenter, ni d'assister à chaque réunion ou conférence qui l'intéresse. Il a néanmoins besoin de beaucoup d'informations avant de prendre des décisions; il s'informe donc par l'intermédiaire de ses collaborateurs, à qui il demande de *résumer* des documents, des discussions et des présentations qui lui semblent utiles.

Résumer, c'est réduire à l'essentiel le contenu d'un document, un exposé ou les faits d'un événement et le transmettre au lecteur le plus rapidement possible.

Cette démarche nous oblige souvent à ne pas suivre le fil du document, mais, au contraire, à organiser ses différents aspects en une structure qui donne au lecteur une vue nette du sujet traité.

Les 5 phases du résumé peuvent être définies comme ceci:

1 La lecture ou l'écoute attentive du sujet, soit la **réception.**
2 La prise de notes, soit **l'enregistrement.**
3 Un tri de l'information enregistrée, soit la **sélection.**
4 L'organisation de l'information et des idées, soit la mise en place d'une **structure.**
5 L'expression lucide des idées, soit **la rédaction** (à l'écrit) ou **l'exposition** (à l'oral).

La préparation – S'il s'agit d'une conférence il est recommandé, si possible, de s'informer à l'avance sur la durée du document et le thème qui sera traité.

La prise de notes – Il s'agit de capter l'essentiel du sujet de façon à s'en souvenir ou à pouvoir le transmettre à quelqu'un d'autre.

Vous aurez à réaliser constamment par l'écoute et le regard trois opérations:

- dégager l'essentiel du détail;
- le synthétiser;
- indiquer les exemples ou les anecdotes qui illustrent les idées par un ou deux mots clés.

Utilisez une petite sténo – des mots d'emploi courant sont abrégés au moyen de leurs initiales:

    qd = quand
    st = souvent
    tt = tout
    bp = beaucoup
    pb = problème, etc.

Les fins de mots sont représentées par un trait – + une de leurs lettres:

    lente–t = lentement
    ratio–t = rationnellement, etc.

Certains signes représentent certains termes de la langue:

    > en expansion – supérieur à
    < en régression – inférieur à
    ≠ différent
    ≃ sensiblement égal à

× multiple

→ conséquence, etc.

Immédiatement après classez vos notes; c'est le moment de donner des titres aux différents parties de la prise de notes et de voir apparaître la structure de l'exposé.

La sélection – La prochaine étape de l'exercice consiste à repérer les points essentiels du document. Citons par exemple: causes du fait central, conséquences, comparaisons avec des faits similaires, solutions possibles, etc. Essayez de répondre à cinq questions-clés:

1 De quoi s'agit-il?

2 Quels sont les problèmes discutés?

3 Quelles solutions alternatives sont proposées?

4 Quels exemples de ces problèmes ou solutions sont cités?

5 Quelles conclusions peut-on en tirer?

En faisant un tri de l'information, on supprime surtout la répétition des arguments, et on n'ajoute jamais d'information nouvelle au résumé.

La structure et l'exposition du document. Avant d'écrire le résumé, il faut retrouver la structure du document, c'est-à-dire son plan. Tout plan de résumé aura une introduction, un développement et une conclusion. L'introduction doit surtout annoncer le sujet – une phrase suffit.

Ayant fait le plan du document, on divise s'il y a lieu les grandes parties en subdivisions. On repère dans chacune d'elles: des mots clés porteurs de l'idée ou du fait exprimé; des exemples ou des anecdotes qui expliquent l'idée ou le fait commenté.

A partir des mots clés, on construit une phrase qui exprime clairement et exactement l'essentiel de l'idée. On relie ensuite les phrases différentes du résumé par les termes d'articulation qui font apparaître la logique du document.

La conclusion du résumé doit synthétiser les arguments, c'est-à-dire rassembler en une ou deux phrases ce qui a été dit pour en venir à désigner clairement le point de convergence des différentes parties du document.

Activités

Faites un résumé d'un des documents suivants:

(i) la présentation sur les transports routiers (Unit 6);

(ii) le texte d'introduction sur la publicité (Unit 9);

(iii) un passage d'une bande vidéo que vous aurez vue dans votre cours de français.